高等职业教育物业管理系列教材
GAODENG ZHIYE JIAOYU
WUYE GUANLI ZHUANYE XILIE JIAOCAI

物业管理与服务

WUYE GUANLI YU FUWU

主编/罗纪红　　副主编/潘　蓉　　主审/贺云华

重庆大学出版社

内容提要

本书是高等职业教育物业管理专业系列项目式教材之一,全面、系统地介绍了物业服务及管理的工作内容。全书共分七个模块,包括物业管理概述、物业管理与服务机构、物业管理与服务的工作过程、物业管理专业化服务、各类物业的管理与服务、物业管理的服务质量与标准、物业服务人员的素质要求。本书的编写结合职业教育的最新理念,在教学方法上有较大突破,主要采用任务教学法、情境教学法等方式进行课堂组织,按照模块教学方法组织教材内容,内容新颖、充实,重点突出实务操作技巧。

本书可作为高等职业技术院校物业管理、房地产管理等专业的培训教材,同时也可作为物业管理行业、房地产管理行业等从业人员的参考用书。

图书在版编目(CIP)数据

物业管理与服务/罗纪红主编. —重庆:重庆大
学出版社,2013.7(2021.2 重印)
高等职业教育物业管理专业系列教材
ISBN 978-7-5624-7337-4

Ⅰ.①物… Ⅱ.①罗… Ⅲ.①物业管理—高等职业教
育—教材 Ⅳ.①F293.33

中国版本图书馆 CIP 数据核字(2013)第 083873 号

高等职业教育物业管理专业系列教材
物业管理与服务

主 编 罗纪红
主 审 贺云华
策划编辑:林青山 王 婷
责任编辑:杨 敬 版式设计:黄俊棚
责任校对:谢 芳 责任印制:赵 晟

*

重庆大学出版社出版发行
出版人:饶帮华
社址:重庆市沙坪坝区大学城西路 21 号
邮编:401331
电话:(023)88617190 88617185(中小学)
传真:(023)88617186 88617166
网址:http://www.cqup.com.cn
邮箱:fxk@cqup.com.cn(营销中心)
全国新华书店经销
POD:重庆新生代彩印技术有限公司

*

开本:787mm×1092mm 1/16 印张:13.25 字数:311 千
2013 年 7 月第 1 版 2021 年 2 月第 2 次印刷
ISBN 978-7-5624-7337-4 定价:38.00 元

编 委 会 名 单

特别鸣谢（排名不分先后）：
上海市房地产科学研究院
重庆经济技术开发区物业发展有限公司
重庆融侨锦江物业管理有限公司
重庆新龙湖物业管理有限公司
重庆华新锦绣山庄网络物业服务有限公司
重庆大正物业管理有限公司
重庆科技学院
三峡联合职业大学物业管理学院
成都航空职业技术学院
四川建筑职业技术学院
昆明冶金高等专科学校
成都电子机械高等专科学校
黑龙江建筑职业技术学院
重庆社会工作职业技术学院
湖北黄冈职业技术学院
武汉职业技术学院
贵州大学职业技术学院
广东建设职业技术学院
广东白云职业技术学院
福建工程学院
重庆市物业管理协会
解放军后勤工程学院
重庆教育学院
重庆邮电学院
重庆大学城市学院
西安物业管理专修学院
四川外语学院南方翻译学院
西南师范大学
宁波高等专科学校
成都大学
成都市房产管理局物业管理处

前　言

　　本书是高等职业教育物业管理专业系列项目式教材之一，从物业管理与服务的实际需要出发，分别介绍了物业管理与服务的起源、发展历程及发展趋势，业主和业主租住以及物业服务企业，物业日常管理与经营服务的内容，境外先进的物业管理模式是如何运作的，怎样实施物业管理的贯标与创优等内容。通过这样的梳理，希望学生既能够对物业管理与服务工作有一个初步的概括性认识和了解，又能够清楚物业管理与服务的业务模块，掌握应了解和掌握的基本知识与操作技能，对培养学生的专业认知和综合职业能力能有积极的推动作用。

　　本书由重庆城市管理职业学院罗纪红担任主编，重庆城市管理职业学院潘蓉担任副主编；重庆大学贺云华担任主审。

　　参加本书编写的人员如下：罗纪红（重庆城市管理职业学院）编写模块一、模块四和模块六，屈昌辉（重庆城市管理职业学院）编写模块二，潘蓉（重庆城市管理职业学院）编写模块三，李娇（重庆城市管理职业学院）编写模块五，王莉（重庆城市管理职业学院）编写模块七。最后由罗纪红负责本书的统稿和定稿。

　　本书的编写和出版还得到了重庆三峡联大物业管理学院杨洪杰教授、深圳之平管理执行董事陈之平、总经理毛良敏和重庆大学出版社的大力支持，在此向他们表示深深的感谢。同时，在编写过程中参阅了大量的书籍、资料和文献，并将引用的资料列入书后参考文献中，在此向其作者表示衷心的感谢。

　　鉴于编者的理论认识和实践能力有限，书中的缺点和错误在所难免，敬请各位专家和读者批评、指正！

编　者

2013 年 3 月

目 录

模块一　物业管理概述 ⋯⋯⋯⋯⋯⋯⋯⋯⋯⋯⋯⋯⋯⋯⋯⋯⋯⋯ 1

〔项目一〕　物业管理的起源和发展 ⋯⋯⋯⋯⋯⋯⋯⋯⋯⋯⋯ 1

〔项目二〕　物业管理的模式 ⋯⋯⋯⋯⋯⋯⋯⋯⋯⋯⋯⋯⋯⋯ 5

〔项目三〕　境外物业管理 ⋯⋯⋯⋯⋯⋯⋯⋯⋯⋯⋯⋯⋯⋯⋯ 9

模块二　物业管理与服务机构 ⋯⋯⋯⋯⋯⋯⋯⋯⋯⋯⋯⋯⋯⋯ 13

〔项目一〕　物业服务企业 ⋯⋯⋯⋯⋯⋯⋯⋯⋯⋯⋯⋯⋯⋯⋯ 13

〔项目二〕　业主大会及业主委员会 ⋯⋯⋯⋯⋯⋯⋯⋯⋯⋯⋯ 24

〔项目三〕　物业服务企业与相关机构 ⋯⋯⋯⋯⋯⋯⋯⋯⋯⋯ 30

模块三　物业管理与服务的工作过程 ⋯⋯⋯⋯⋯⋯⋯⋯⋯⋯ 38

〔项目一〕　物业服务项目的获取 ⋯⋯⋯⋯⋯⋯⋯⋯⋯⋯⋯⋯ 39

〔项目二〕　早期介入 ⋯⋯⋯⋯⋯⋯⋯⋯⋯⋯⋯⋯⋯⋯⋯⋯⋯ 48

〔项目三〕　承接查验 ⋯⋯⋯⋯⋯⋯⋯⋯⋯⋯⋯⋯⋯⋯⋯⋯⋯ 54

〔项目四〕　业主入住 ⋯⋯⋯⋯⋯⋯⋯⋯⋯⋯⋯⋯⋯⋯⋯⋯⋯ 57

〔项目五〕　装修管理与服务 ⋯⋯⋯⋯⋯⋯⋯⋯⋯⋯⋯⋯⋯⋯ 64

〔项目六〕　日常服务 ⋯⋯⋯⋯⋯⋯⋯⋯⋯⋯⋯⋯⋯⋯⋯⋯⋯ 68

〔项目七〕　项目终结退出 ⋯⋯⋯⋯⋯⋯⋯⋯⋯⋯⋯⋯⋯⋯⋯ 71

模块四　物业管理专业化服务 ⋯⋯⋯⋯⋯⋯⋯⋯⋯⋯⋯⋯⋯⋯ 75

〔项目一〕　安全服务 ⋯⋯⋯⋯⋯⋯⋯⋯⋯⋯⋯⋯⋯⋯⋯⋯⋯ 75

〔项目二〕　环境服务 ⋯⋯⋯⋯⋯⋯⋯⋯⋯⋯⋯⋯⋯⋯⋯⋯⋯ 82

〔项目三〕　维保服务 ⋯⋯⋯⋯⋯⋯⋯⋯⋯⋯⋯⋯⋯⋯⋯⋯⋯ 92

〔项目四〕　调解纠纷服务 ⋯⋯⋯⋯⋯⋯⋯⋯⋯⋯⋯⋯⋯⋯⋯ 102

〔项目五〕　延伸服务 ⋯⋯⋯⋯⋯⋯⋯⋯⋯⋯⋯⋯⋯⋯⋯⋯⋯ 108

模块五　各类物业的管理与服务 ……………………………………… 113
　　［项目一］　住宅小区物业的管理与服务 ……………………………… 114
　　［项目二］　写字楼物业的管理与服务 ………………………………… 119
　　［项目三］　商业场所物业的管理与服务 ……………………………… 128
　　［项目四］　工业区物业的管理与服务 ………………………………… 133
　　［项目五］　其他类型物业的管理与服务 ……………………………… 140

模块六　物业管理的服务质量与标准 ………………………………… 152
　　［项目一］　现行的质量评价标准 ……………………………………… 152
　　［项目二］　ISO 9000 族质量管理体系认证 ………………………… 157

模块七　物业服务人员的素质要求 …………………………………… 167
　　［项目一］　职业道德 …………………………………………………… 167
　　［项目二］　专业知识和专业技能 ……………………………………… 173
　　［项目三］　职业资格证书 ……………………………………………… 176

附：物业管理国家职业资格二级全国统一鉴定考试样题 …………… 185

参考文献 ……………………………………………………………… 202

模块一　物业管理概述

教学目标：

能力要素	实际操作标准	知识要求
了解物业管理的起源和发展	能够阐述物业管理的起源；熟悉物业管理的发展历程；掌握物业管理行业发展的前景	物业管理的概念及类型；物业管理的起源；物业管理的发展；物业管理的未来
掌握物业管理的模式	全面掌握物业管理的模式；重点掌握现行的主要模式	物业管理的模式类型；物业管理目前的主要模式；物业管理模式的未来发展
了解我国香港地区和国外物业管理	了解英国、美国、新加坡等国与我国香港地区等地的物业管理的发展	英国、美国物业管理的发展；新加坡物业管理的发展；我国香港地区物业管理的发展

教学内容：

项目一　物业管理的起源和发展

任务情景1.1

思考并讨论以下几个问题：

★你听说过物业管理吗？

★你为什么要选择物业管理专业？

★物业管理是做什么的？

★在你的周围，哪些地方有物业管理？

★你觉得你毕业后会从事什么样的工作？

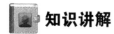 **知识讲解**

一、物业

物业与物业管理都是随着中国房地产经济体制改革从境外引进的新名词。物业管理起源于 19 世纪 60 年代的英国,1981 年 3 月 10 日我国内地第一家物业管理公司成立。物业管理是市场经济的产物,是我国房地产改革的必然结果,也是我国人民生活水平显著提高的重要标志。

1. 物业的含义

物业(property)不同于房地产(real estate property)和不动产(immovable property)。它通常是指正在使用中和已经可以投入使用的各类建筑物及其附属设备、配套设施、相关场地等组成的单宗房地产以及依托于该实体上的权益。

2. 分类

根据用途,物业可分为居住物业、商业物业、工业物业及其他物业等多种类型。

3. 物业特征

物业的特征有:固定性;耐久性;多样性;高值性;权益性。

二、物业管理

1. 物业管理的含义及特点

①含义:是指业主通过选聘物业服务企业,由业主和物业服务企业按照物业服务合同约定,对房屋及配套的设施设备和相关场地进行维修、养护、管理,维护相关区域内的环境卫生和秩序的活动。

②特点:覆盖面广,服务性强,专业性强,业主处于主导地位,物业管理与社区管理相结合。

2. 物业管理与传统房地产管理的区别

①管理体制不同,后者是计划经济下的行政管理、无偿管理;前者是市场经济下的专业化管理、有偿管理。

②管理客体不同,后者是单体建筑物的管理;前者是物业管理。

③业主与使用人的地位不同,后者是被动接受;前者是"自我 + 委托管理"。

④服务质量不同,后者是低效,无质量保证;前者是专业、高效、高质量的。

⑤对物业的维护保养的保证不同,后者是以租养房;前者是以业养房。

3. 物业管理的目标和任务

①创造安居乐业的生产和生活环境。

②使管理的物业保值和增值。

三、物业管理的产生与发展

1. 物业管理在国外的产生与发展

物业管理起源于英国。物业管理作为一种房屋管理的模式,在世界上已有140多年的历史。19世纪60年代,欧洲的资本主义进入高度增长时期,尤其是英国,对劳动力的需求猛增,致使大量农村人口涌入城市,使城市原有的各种住房及其设施不堪重负。一些业主将简易住宅低价租给贫民、工人居住,而这些房子由于设备简陋、环境脏乱,又加上租户拖欠租金、人为破坏,使得业主利益受损害。在这样的情况下,有一位名为奥克维亚·希尔的女士为其名下出租的物业制订了一套规范租户行为的管理办法,规定租户和房东双方的权利和义务。通过实践,大家发现这个管理办法非常有效,它不仅改善了环境,还缓和了租户和房东的对立关系,因此很快被其他业主效仿,并引起政府有关部门重视。物业管理这一行业从此诞生,并被普遍推广于世界各国,不断发展、成熟。

2. 我国物业管理的产生与发展历程

我国物业管理经历了由引入境外的管理方法和模式,加以模仿、消化和借鉴,到结合国情,探讨物业管理的实施本土化的过程。

新中国成立之前的物业管理。20世纪20年代,我国沿海及内地的一些大城市的房地产业蓬勃发展,而房地产业的繁荣又带动了物业管理市场。当时已经出现了代理经租、清洁卫生、住宅装修、服务管理等经营性的专业公司,可以说是我国现代物业管理的雏形。

计划经济时代的物业管理。1949年新中国成立以后,房屋是福利分配,房屋管理用简单的行政管理办法代替了商品式的经营管理,房地产经营活动基本停止,物业管理也随房地产市场一起销声匿迹。

改革开放以后的物业管理。20世纪80年代起,我国市场经济日趋活跃,城市建设事业迅速发展,房地产经营管理体制的改革步伐加快。1981年3月10日,深圳市第一家对涉外商品房进行物业管理的专业公司——深圳市物业管理公司成立,它标志着物业管理在中国大地的复苏,也意味着现代意义的物业管理行业在中国诞生了。

3. 物业管理的发展条件

①住房制度改革的深化推动着物业管理走向千家万户。

②房地产市场竞争机制的完善使物业管理机制更加健全。

③社会需求使物业管理的质和量更上一层楼。

4. 物业管理的前景展望

①物业管理具有巨大的潜在市场。一方面,传统的和非市场化的房屋管理模式逐步纳入到市场化的物业管理的轨道中来,将会使物业管理业进一步壮大;另一方面,房地产市场日益扩大,也需要现代化的符合国际管理惯例的物业管理。

②新世纪的社会需求将使物业管理被更为广泛地运用,前景十分可观。

四、物业管理的地位和作用

1.促进房地产市场的发展

物业管理是我国深化房地产经济体制改革、实行房屋商品化的客观需要,具有繁荣和完善房地产市场的作用。它拓宽了房地产市场范围,完善了房地产投资,促进了房地产市场向健康有序的方向发展。

我国房地产经济体制改革的方向是"三化"——市场化、商品化和住房自有化。

我国房屋管理体制的模式转变过程。

①传统房屋管理体制:由单位进行内部管理、行政管理和无偿管理。它适应我国改革开放前计划经济体制。

②(现代)物业管理体制:是社会化管理、专业化管理、市场化管理。它适应我国当前社会主义市场经济体制。

当前两种管理体制在我国并存,并将延续一段时间。但随着住房商品化的推进,物业管理体制最终将在全国全面推行。

2.有利于房屋保值增值并提高房地产投资效益

物业管理是房地产经营活动的基本环节,处于房地产项目的售后服务阶段。

我国经济增长模式的改革方向是:数量增长型经济(资源型)——效益增长型经济(服务型),而物业管理正是一种服务。因此,物业管理对房地产具有保值、增值作用。它能提升物业品质和档次,因为它能保养物业,延续它的使用功能,延长其使用寿命,往往有物业管理的小区比传统房屋售价高出许多。

3.能够树立城市形象,完善城市功能

物业管理是改善居民工作与生活环境、提高其居住水平的基础性工作,具有树立城市形象、完善城市功能的作用。

4.推动外向型房地产与涉外经济的发展

中国的物业管理最初正是从对外商、外籍人员在中国的产业进行管理,然后发展起来的,至今对涉外房屋的管理仍是物业管理的重要组成部分。

投资于中国房地产的外商也正在组建独资物业服务公司,来管理自己在中国的物业,并以此作为吸引外商在中国置业的手段。

良好的物业管理是加快中国房地产业同国际接轨、改善中国投资条件和投资环境的必要措施,具有推动外向型房地产和涉外经济发展的作用。

5.有助于提高房地产综合开发企业的声誉

物业管理是房地产综合开发企业的重要业务,具有提高房地产综合开发企业声誉的作用。

房地产综合开发企业现在已意识到物业管理的重要性,开始关心物业管理,并把物业管理作为企业经营的重要战略决策。一旦房地产开发建设从现在的高峰期开始萎缩,在未来多数房地产开发企业必然转向物业管理,并将其作为核心业务经营。

优质的物业管理是房地产开发企业最形象、最实惠的广告,具有提高房地产开发企业声誉的作用。

 任务指导 1.1 完成任务情景 1.1 中的工作任务。

目的:了解目前当地物业管理行业的发展情况。

步骤:第 1 步,搜集并阅读相关材料;

第 2 步,分组进行讨论;

第 3 步,选举发言人,拟定回答内容。

 技能实训 1.1

以 4~6 人为一组,选择一家物业服务企业进行调研,了解该公司的成立与发展、组织架构、资质、服务内容、管理规模等信息,然后以组为单位进行汇报展示。

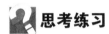 **思考练习**

(1)什么是物业?

(2)什么是物业管理?

(3)物业管理的发展现状如何?

(4)你认为物业管理行业的发展前景如何?

项目二 物业管理的模式

 任务情景 1.2

请阅读以下资料后谈谈你对业主自治管理的看法。

得源公寓建立于 1999 年。2006 年 4 月 1 日,原物业管理公司因合同期满退出小区,整个小区物业管理随之陷入瘫痪。当年 10 月,新成立的业委会临危受命,开始尝试业主"自治",成为小区的"临时管家"。虽然这只是一种大胆的尝试,但是小区物业管理并未出现混乱局面,反而使小区的整体环境与面貌焕然一新。

为了充分发挥自主管理自由度大的优势,"临时管家"尽量精简环节、节省开支,除了直接聘请保洁员外,小区原来的保安也受到了他们的真诚挽留。在他们的努力下,小区道路拓宽了,堆放杂物的死角清理干净了,而小区内的停车难问题也随之得到了解决。

"这样的管理模式很好,对小区的自行管理体现了我们业主对于小区自治的权力,我们业主可以自己说了算。"业主王先生欣喜地告诉记者。小区业主可以自己选择保安、保洁等工作人员,具有更大的选择性。

业主张女士说:"现在小区业主和物业关系很好,像一家人一样。"原来大家不过是点头之交,现在却体会到了"远亲不如近邻"的真谛。现在大家要一起管理自己的"家",更有主人的感觉。

"这种物业管理模式是对传统单一管理模式的突破,自己管理小区,业主们就会尽量精简环节,节省开支。这比让物业公司来管理,节约了很多成本。"业主刘先生说。

业主洪女士表示:"以前的管理模式有值得肯定的地方,但是在管理上需要小区业主一起投入。由于一般业主都有固定职业,而小区服务人员都要业主自己挑选,这就牵扯了业主很多时间和精力,感觉费神、费力。所以觉得还是由我们业主聘请专业的经理人来着手管理比较合适,省去了许多麻烦。"

虽然,对于焕然一新的小区面貌业主们普遍感到很欣慰,在这段时间里,业委会成员为维护小区也倾注了大量心血,但是由于大家都有固定职业,在时间和精力上耗费过大也让部分业委会成员颇感力不从心。小区物业管理的道路还很长,怎样将小区管理很好地延续下去,才是业委会真正应该考虑的问题。随着《物权法》实施,小区物业开始酝酿"自治"升级,即业主不必"亲力亲为",改由业委会委托职业经理人担任小区物业管理CEO,由"职业经理人"为业主提供物业服务。

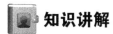 **知识讲解**

我国内地的物业管理模式目前主要有3种。

1.专业型管理模式

专业型管理模式为业主提供全方位的综合服务,寓物业管理于服务中。其经费来源主要是收取管理费及多种经营服务费,还为业主提供有偿服务。服务对象主要是中高端物业,如公寓、写字楼等。

专业管理的模式又可分为两种。

(1)全权委托

业主将一切有关物业管理的运作,包括财务管理、人事等均交由物业公司统筹运行。

(2)部分委托

业主保留财务管理等主要权限,其余部分的运作交由物业公司进行。

2.结合型管理模式

结合型管理模式多由发展商自行组建,管理对象以居民住宅小区为主。由于行政上福利管理的要求,通常很难实现赢利,多靠经营其他产业或开发商支持获得资金平衡。其管理目标是为业主提供一个舒适的居住、办公环境,支持开发商的持续开发。

3. 福利型管理模式

福利型管理模式多由当地房管部门或本单位自主管理,管理对象多为老式公房或单位福利房等中低档物业。

在以上 3 种模式的基础上,物业管理还将出现新的管理与服务模式。

①物业管理职业经理人模式。在这种模式中,职业经理人通过一定的程序,取得国家和行业认可的资质,然后就可以独立地进入物业管理市场接受业主的委托来经营物业管理业务,也可以接受物业服务企业的委托从事相应的管理工作。一个取得资质的物业管理职业经理人,能够承担一个物业服务企业或一个物业管理项目的运作,并通过对各种资源的有效组织和配置,为业主提供专业的物业管理及经营服务,并实现委托人的管理和赢利目标。

②业主自营式。在这种模式中,当社会上专业服务公司大量出现并有成熟的市场的时候,业主就可以直接聘请专业公司分别承担相应的物业管理单项业务工作。业主也可以利用自己的力量处理部分业务,从而最大限度地节约物业服务费用。

目前我国也在摸索自营式物业管理与服务的模式,近年来,一些地方政府为改善旧住宅区环境,投入了大量的财力、物力,为其引进了高档、现代化的物业公司。但是,这些旧住宅区的居民收入普遍不高,难以接受专业化物业公司的管理模式以及高额的物业费用,一些改造后的旧小区,纷纷"淘汰"了原来的物业服务公司,又回到了"无人管理"的原始状态中。

业内人士建议,小区物业管理应根据不同居住区的实际情况,采取不同的物业服务管理收费标准,选择不同的物业管理与服务模式。鉴于一些旧住宅区内居民素质不一、收入普遍偏低的情况,应重点在住宅区推行自营式管理模式,由街道办事处牵头组建自营式物业管理组织。要建立自营式物业管理支撑体系,应对旧住宅区制订、出台自营式物业管理与服务收费等级标准和低收入群体物业服务费补贴办法,实行动态管理。

构建自营式物业管理模式,要对住宅区现有配套设施设备进行整合,即将自行车棚、社区用房、门卫房及有关部门已出租或出借的公共配套设施设备和房屋,统一纳入社区物业服务单位使用与管理。要整合人力资源,提高劳动效益。将社区现有的民办保洁队、治安联防队、绿化管护队人员、房产经营公司售后服务中心人员统一纳入社区物业服务管理体系,实行自营式物业管理,以提供基本的物业服务项目,达到市级普通住宅小区的管理标准。要整合政策资源,实现公共服务均等化。对实行自营式物业管理的单位应给予物业管理政策的支持,使推行自营式物业管理工作具有良好的政策环境支持。

任务指导 1.2　完成任务情景 1.2 中的工作任务。

目的：了解业主自治模式的发展。

步骤：第 1 步，收集业主自治模式的相关资料；

第 2 步，分析资料，形成自己的观点，业主自治模式是否能成为物业管理模式的发展方向；

第 3 步，举办研讨会或者举办辩论赛，分享各自的观点。

技能实训 1.2

阅读以下资料，谈谈管家式管理模式可以提供哪些服务，以满足客户的需求？

管家式管理模式是高档物业管理发展趋势

管家式管理模式已经在北京等地部分高档住宅物业区实施，成为未来高档别墅住宅区物业管理的发展趋势。北京除了香江花园、茗都花园等几家传统的高档小区以外，包括今夏业内最为关注的高档公寓星河湾、开盘不久的威尔夏大道、即将开盘的香山 81 号院等都提供了类似的服务项目。龙熙顺景别墅的项目也正在筹划引进"英式管家"的服务。豪宅中的物业服务已经不拘泥于物质上的享受，而更多地扩展到了人性化的服务管理上。

真正的"英式管家"，他们衣着讲究、态度谦和、气质庄严，他们受聘于世袭贵族和亿万富翁，手下管理着一支包括家庭教师、厨师、保镖、花匠、裁缝、保姆、仆人等在内的庞大家庭服务队伍。他们不仅安排整个家庭的日常事务，更是主人的私人秘书和亲信，有着极高的自身素质和丰富的生活知识。

在我国，目前可以说基本没有如此专业化、私人化的"英式管家"，不仅仅因为雇佣这种管家的薪酬十分昂贵，而且跟现代人的生活方式有关。

专家告诉记者，在北京，"管家式服务"的概念十几年前就开始在别墅区率先实践了。发展到现在，别墅区的"管家式服务"小到叫车、遛狗，大到照顾小孩都可以交由客服人员处理。别墅区的客服队伍组成为 3，5，10 人，规模不等，提供"一对多户"的 24小时服务。现在北京温榆河一带的别墅，有很多国外住客达到 50%以上的住宅区都会提供相应的"管家式服务"。

思考练习

（1）请谈谈物业管理模式未来的发展趋势是怎样的？

（2）你认为自治式物业管理模式发展前景怎么样？

项目三 境外物业管理

任务情景 1.3

请阅读以下国家在物业管理方面的做法,总结出值得借鉴、可行的经验。

他山之石,可以攻玉。作为物业管理从业人员,应该对境外物业管理情况进行了解,丰富自己的知识,同时对我国物业管理的发展趋势有一个正确的预测,最主要是借鉴先进的经验来发展自己。境外各国和地区在完善物业管理法律法规、加强社区物业管理、规范业主委员会职责、维护业主权益等方面的经验和做法均值得我们借鉴。

俄罗斯:福利型的物业管理。

在住宅物业领域,苏联解体后,俄罗斯对住宅实行无偿私有化,将现有住房无偿转归住户所有。住宅虽私有化了,但物业管理、房屋修缮仍由国家承担,全部免费,因此也就没有业主委员会和专门的物业服务公司。但苏联时期遗留下来的住宅和公用设施早已老化,不进行大规模维修已无法正常使用,而政府根本无力承担这一巨额开支。俄政府原计划对物业实行有偿管理,但遭到全社会的反对。为了缓解低收入群体对社会改革的不满情绪,俄政府将分阶段对福利制度进行改革,目前暂时保留在公共住房和物业管理方面的优惠政策。

瑞士:物业管理与社区管理相结合。

瑞士的居民社区以地理位置划分,一个社区中往往有多家物业公司管理的房产。每栋居民楼都有一名与物业公司签有合同的物业管理员,负责楼内的清洁卫生,楼周围绿地的修整,管理员一家必须住在楼里的一个单元内。凡住户需要服务的,大小事情都可以找管理员,管理员则将住户诸如修门窗、换家具、粉刷房屋、修理更新电器等需要及时通知物业公司,住户也可以打电话给物业公司。物业公司接到通知后则及时联系与其有业务关系的各类专业公司。有关专业公司很快便会给住户来电话约定时间,登门服务。负责此事的物业公司技术服务部一般只有一两个人,一切服务都已社会化。社区内的公园不论大小一律免费,体育健身场所对本社区居民有优惠。

瑞士物业管理的特点,就是为物业增值,为房主和住户提供方便的生活条件和优质的服务。物业小区的管理不搞大而全,而是按社区的安排将服务设施出租,以物业管理促进社区建设,以物业建设推动社区管理,使物业管理与社区管理协调发展。

日本:一专多能的物业管理。

日本的物业管理公司由居民管理委员会雇请,一幢楼内的居民管理委员会由3~7人组成,每届委员会任期为两年。委员会负责了解业主的意见,监督和检查物业管理公司的工作,同时指定专人管理账目。委员会由业主自主组成,不受任何外来权力操控。日本的物业管理公司之间的竞争十分激烈,各公司都千方百计地提高服务质量,降低服务价格。为提高效率和节约成本,公司一般只派一两个人负责管理一座一二十层高的住宅楼的门前、门厅、楼道、电梯等共用部分的清扫、安全和功用设备检查等工作。楼内没有保安值班,因为公共治安属于警察的事务。物业人员不得随意进入任何一户居民的房间,也不得探听居民家庭生活及隐私。一旦有哪一家居民水、电、气等发生故障,住户可以直接向有关公司拨打电话,维修人员很快就会赶到修复。日本的物业管理人员必须接受严格的培训,经过国家统一考试,并取得合格成绩才能成为物业管理士。由于日本物业管理人员必须具有丰富的专业知识,是一专多能型人员,效率很高,管理一个项目不像国内那样需要很多的人员。

 知识讲解

一、英国的物业管理

英国物业管理起源最早,物业管理便是始于 19 世纪 60 年代的英国,当时正值英国工业化大发展,大量农民进入城市,出现了房屋出租。为维护业主的权利,需要一套行之有效的管理方法,于是出现了专业的物业管理,自那以后,物业管理传遍世界各地,并受到各国的普遍重视。

发展到今天,英国的物业管理作为一个成熟的行业,其整体水平是世界一流的。除了传统意义上的房屋维修、养护、清洁、保安外,物业管理的内容已拓展到物业功能布局和划分、市场行情调研和预测、物业租售推广代理、目标客户群认定、工程咨询和监理、通信及旅行安排、智能系统化服务、专门性社会保障服务等全方位服务。在积极推广物业管理业务的同时,英国还加强对这一业务的研究,成立了皇家物业管理学会,其会员遍布世界各地。

英国作为物业管理的诞生地,在物业管理上形成了自己的特定模式,其依法管理的特点尤其令人关注。据了解,除了直接的物业管理法规外,一些房地产法规对此也有间接规定。英国常见的与房地产开发管理有关的法律、法规就有 50 多种。

英国的物业管理已成为社会化的服务行业,任何人、任何公司都可从事物业管理,只要具备条件,领取营业执照即可。这些物业管理公司或管理机构绝大多数都是自主经营、自负盈亏的经济实体。管理公司(机构)人员精干、效率高、固定人员少,一些项目尽可能临时聘请,可承包的就不设固定人员以节约开支。

二、新加坡的物业管理

新加坡以其国土清洁卫生、草坪绿化、环境优美誉满全球,这主要因为其物业管理工作很有实效。为了加强对居住小区的管理,物业管理部门编写了《住户手册》《住房公约》和《防火须知》等,把搬进新居后应注意的事项和有关知识详尽地告诉住户,以明确住户的权利和义务,让其了解物业管理部门的权利和责任等。物业管理公司还根据所管辖区域的具体情况,设立监督部门,监督各类法规执行情况和受理住户的投诉,从而提高服务水平和管理水平。

物业管理组织系统健全。新加坡因土地资源稀缺而形成了政府统筹型的物业管理模式,物业管理统一归新加坡建屋发展局负责。该局下设 36 个区办事处,每个区办事处一般管理 2~3 个小区,每个小区拥有 4 000~6 000 个住户,区办事处一般管理10 000~15 000 套(户)住宅。新加坡政府对住宅小区公共设施(设备)保养维修十分重视,要求物业服务企业提供最优质服务。

三、中国香港地区的物业管理

中国香港地区物业管理公司数量非常多,政府还没有对管理公司采取发牌制度(类似内地的资质证书),物业管理公司只需经工商登记就可以承揽业务。中国香港地区的物业管理市场已经十分成熟,法制、法规也很健全。中国香港地区实行大厦公契制度,物业管理公司的权利来源于大厦公契或物业管理委托合同。在中国香港地区,开发商卖房时,必须起草制定大厦公契,并报政府登记备案。大厦公契制度的推行,大大减少了前期的物业管理纠纷,保障了购房者的合法权益。

物业公司的酬金有行规。在中国香港地区,物业管理费用模式主要是"代理人制",即"管理费用成本支出 + 酬金",酬金可以按固定数额提取,也可以按比例提取。另外,物业管理费也有采用包干制的,这一点与内地大多数普通居住小区的收费方式相似。

完善的招投标制度保障物业管理行业有序竞争。中国香港地区是一个市场经济相当发达和完善的地方,物业管理行业的竞争也相当激烈,大到物业管理公司的选聘,小到日常管理中材料的采购,均广泛采用物业管理招投标机制,因此已形成了一套完善的招投标机制。

法规健全,操作性强。中国香港地区的市场经济发展成熟,法制健全,一切均有章可循。中国香港地区在物业管理方面的根本大法是《香港建筑物业管理条例》。物业管理中发生的任何问题,均能在法律条文中找到答案,本法有强制执行力度。物业管理中的欠费问题,也得到了较好的解决。

任务指导 1.3 完成任务情景 1.3 中的工作任务。

目的:深入了解境外物业管理方法和经验。

步骤:第 1 步,每组选择一个国家或地区的物业管理方式进行深入的了解;

第 2 步,分组进行讨论;

第 3 步,选举发言人,拟定回答内容。

思考练习

（1）英国物业管理的经验有哪些？

（2）中国香港地区的物业管理模式是内地物业管理的发展方向吗？

（3）你对国内的物业管理发展有什么建议？

模块二　物业管理与服务机构

教学目标：

能力要素	实际操作标准	知识要求
认识物业服务企业	能够认识物业服务企业的性质和内涵 能够熟悉物业服务企业的类型 能够掌握物业服务企业设立的条件和程序，以及物业服务企业的权利和义务	物业服务企业的概念及类型 物业服务企业设立的条件和程序 物业服务企业的机构设置 物业服务处的组织架构与职责 物业服务企业的权利和义务
认识业主大会和业主委员会	能够掌握业主自治的本质 能够理解业主大会和业主委员会的职责和会议	业主自治机构 业主的权利与义务 业主大会的宗旨、职责、会议 业主委员会的概念、职责、产生 业主委员会的日常工作和会议
认识物业服务企业其他相关机构	能够正确判断物业服务企业的相关政府职能部门和物业服务企业的合作企业	房地产行政主管部门、能源通信部门、物业建设单位、街道办事处与居委会、行业协会、工商税务物价部门、专业服务企业等各相关机构的职责，以及与企业的合作情况

教学内容：

项目一　物业服务企业

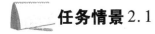

任务情景 2.1

　　阅读以下关于永安物业经营理念及品牌提升策略的资料，分小组讨论：物业服务企业在社会分工中的定位和权利义务。

一、永安物业的经营理念

为人类营造一个安全、舒适、文明、便捷、温馨的生活和办公环境。

①永安物业的终极目标:让客户满意,通过专业服务,尊重客户、满足客户、服务社会、造福人类。

②永安物业的价值观:坚持公司与客户利益同步发展,公司与员工共存共荣。

③永安物业的文化观:真诚对人,严谨对事,不断创新,开拓进取,贡献社会,服务人类。

④永安物业的责任观:对客户、对员工、对社会,心存责任,信守道德。

⑤永安物业的人才观:尊重人才,关心人才,培养人才,以人为本。有事业心、有能力、有责任感、有敬业精神的员工是永安物业最宝贵的财富。

⑥永安物业的行为观:坚持实事求是的行为准则,"说你所做,做你所说,写你所做"。

⑦永安物业的服务观:永安——给您无微不至的关怀!永安——提供尽心尽责的服务!永安——全程跟踪,亲情服务!

二、永安物业品牌提升

管理创新——"首问负责制""岗位轮换制""管理早餐会"。

技术创新——普及计算机网络管理。

服务创新——建立"顾客服务满意体系"。

市场创新——企业强强联合、向规模要效益。

知识讲解

一、物业服务企业的性质和类型

1.物业服务企业的概念

物业服务企业是指专门对建成投入使用的房屋及其附属设备设施、相关场地实施专业化管理,并为业主和使用人提供全方位、多层次的有偿服务和良好的居住和工作环境,具有独立法人资格的经济实体。

同其他企业一样,物业服务企业是以赢利为目的的经济实体。物业服务行业属于第三产业——服务业。

2.物业服务企业的类型

按业务性质,物业服务企业可分为:委托服务型、租赁经营型、委托—代理型。

(1)委托服务型物业服务企业

这类企业也称为"实体型物业服务企业",委托服务型物业服务企业对受托物业只有经营管理权。按接受委托业务的时间,又可分为两种情况:开发建设单位委托前期管理;业主委员会委托实施管理。

（2）租赁经营型物业服务企业

①管理权的获得:开发商将建成物业交给从事租赁经营的物业服务企业管理,通过租金收回投资。

②企业职能:对物业有维护管理服务与租赁经营权。

③企业目的:出租经营物业,回收投资和获得利润。

④企业实质:房地产开发的延续。

⑤适用范围:商业大厦、写字楼、批发市场等。

（3）委托—代理型物业服务企业

①只有管理层,不设或只设很少的操作层。

②委托范围包括:清洁卫生、园林绿化、电梯、水电设备运行维护、治安防范等。

③与专业公司的管理关系:与专业公司建立合同关系,专司服务监督、检查和考核工作。

④操作实施:均委托专业公司进行。

（4）委托—代理型物业服务企业主要的管理职能有:

①产权、产籍管理;

②产权经营;

③中介服务(房地产估价、经纪及咨询等);

④档案资料管理;

⑤设施、设备维护计划的制订;

⑥整体管理计划的制订与组织实施;

⑦建立、健全各种规章制度;

⑧做好群众工作和其他管理等。

（5）委托—代理形式基本上可分为两类,其特点如下。

①第一类特点:物业公司对业主聘请专业公司提供顾问性意见;由业主委员会选聘专业公司签订合同;物业服务企业只负责监督合同条款的执行;委托—代理型物业服务企业只收取管理员的薪金及服务代理酬金,其余均属代收、代支。

②第二类特点:物业服务企业接受业主委托,代聘各类专业公司;由物业服务企业与各专业公司签订合同;全部代聘的专业公司均需试用,服务如不能令委托方满意,可以随时更换。

二、物业服务企业设立的条件和程序

1. 有限责任公司的设立条件

根据《公司法》的规定,物业服务有限责任公司的设立需要满足以下条件。

①股东符合法定人数。

②股东出资达到法定资本最低限额。

③股东共同制定公司章程。

④有公司名称、建立符合有限责任公司要求的组织机构。

⑤有固定生产经营场所和必要的生产经营条件。

2. 股份有限公司的设立条件

根据《公司法》的规定,物业服务股份有限公司的设立需要满足以下条件。

①发起人符合法定人数。

②发起人认缴和社会分开募集的股本达到法定资本最低限额。

③股份发行、筹办事项符合法律规定。

④发起人制定公司章程,并经创立大会通过。

⑤有公司的名称、建立符合股份有限公司要求的组织机构。

⑥有固定生产经营场所和必要的生产经营条件。

3. 物业服务企业的资质条件

(1)企业资质概念

企业资质,主要是为了界定、查验、衡量企业具备或拥有的人力、物力和财力情况,包括企业的注册资金、拥有的固定资产、职工人数、技术力量、经营规模以及经营水平等。企业资质是企业实力和规模的标志。

(2)物业服务企业的资质等级及相应标准

《物业服务企业资质管理办法》(2004年)把物业服务企业划分为:一级、二级、三级共3个资质等级。国务院建设主管部门负责一级物业服务企业资质证书的颁发和管理。省、自治区人民政府建设主管部门负责二级物业服务企业资质证书的颁发和管理,直辖市人民政府房地产主管部门负责二级和三级物业服务企业资质证书的颁发和管理,并接受国务院建设主管部门的指导和监督。设区的市的人民政府房地产主管部门负责三级物业服务企业资质证书的颁发和管理,并接受省、自治区人民政府建设主管部门的指导和监督。

各资质等级物业服务企业的条件如下。

①一级资质条件。

A. 注册资本人民币500万元以上。

B. 物业管理专业人员以及工程、管理、经济等相关专业类的专职管理和技术人员不少于30人。其中,具有中级以上职称的人员不少于20人,工程、财务等业务负责人具有相应专业中级以上职称。

C. 物业管理专业人员按照国家有关规定取得职业资格证书。

D. 管理两种类型以上物业,并且管理各类物业的房屋建筑面积分别占下列相应计算基数的百分比之和不低于100%。

a. 多层住宅 200 万 m²；

b. 高层住宅 100 万 m²；

c. 独立式住宅(别墅)15 万 m²；

d. 办公楼、工业厂房及其他物业 50 万 m²。

E. 建立并严格执行服务质量、服务收费等企业管理制度和标准,建立企业信用档案系统,有优良的经营管理业绩。

②二级资质条件。

A. 注册资本人民币 300 万元以上。

B. 物业管理专业人员以及工程、管理、经济等相关专业类的专职管理和技术人员不少于 20 人。其中,具有中级以上职称的人员不少于 10 人,工程、财务等业务负责人应具有相应专业中级以上职称。

C. 物业管理专业人员按照国家有关规定取得职业资格证书。

D. 管理两种类型以上物业,并且管理各类物业的房屋建筑面积分别占下列相应计算基数的百分比之和不低于 100%：

a. 多层住宅 100 万 m²；

b. 高层住宅 50 万 m²；

c. 独立式住宅(别墅)8 万 m²；

d. 办公楼、工业厂房及其他物业 20 万 m²。

E. 建立并严格执行服务质量、服务收费等企业管理制度和标准,建立企业信用档案系统,有良好的经营管理业绩。

③三级资质条件。

A. 注册资本人民币 50 万元以上。

B. 物业管理专业人员以及工程、管理、经济等相关专业类的专职管理和技术人员不少于 10 人。其中,具有中级以上职称的人员不少于 5 人,工程、财务等业务负责人具有相应专业中级以上职称。

C. 物业管理专业人员按照国家有关规定取得职业资格证书。

D. 有委托的物业管理项目。

E. 建立并严格执行服务质量、服务收费等企业管理制度和标准,建立企业信用档案系统。

(3)资质申请办理

①新设立的物业服务企业应当自领取营业执照之日起 30 日内,持下列文件向工商注册所在地直辖市、设区的市的人民政府房地产主管部门申请资质:营业执照;企业章程;验资证明;企业法定代表人的身份证明;物业管理专业人员的职业资格证书和劳动合同,管理和技术人员的职称证书和劳动合同。

②新设立的物业服务企业,其资质等级按照最低等级核定,并设一年的暂定期。

③一级资质物业服务企业可以承接各种物业管理项目。二级资质物业服务企业可以承接 30 万 m² 以下的住宅项目和 8 万 m² 以下的非住宅项目的物业管理业务。三级资质物业服务企业可以承接 20 万 m² 以下住宅项目和 5 万 m² 以下的非住宅项目的物业管理业务。

4.物业服务企业设立的程序

1)物业服务企业设立流程(详见图 2.1)

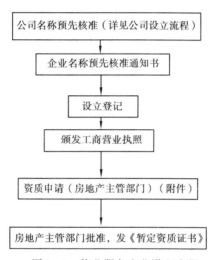

图 2.1 物业服务企业设立流程

2)文字说明

(1)公司设立所需材料

①申请名称预先核准,应当提交下列文件。

A.有限责任公司的全体股东或者股份有限公司的全体发起人签署的公司名称预先核准申请书。

B.全体股东或者发起人指定代表或者共同委托代理人的证明。

C.国家工商行政管理总局规定要求提交的其他文件。

②申请设立有限责任公司,应当向公司登记机关提交下列文件。

A.公司法定代表人签署的设立登记申请书。

B.全体股东指定代表或者共同委托代理人的证明。

C.公司章程。

D.依法设立的验资机构出具的验资证明,法律、行政法规另有规定的除外。

E.股东首次出资是非货币财产的,应当在公司设立登记时提交已办理其财产权转移手续的证明文件。

F. 股东的主体资格证明或者自然人身份证明。

G. 载明公司董事、监事、经理的姓名、住所的文件以及有关委派、选举或者聘用的证明。

H. 公司法定代表人任职文件和身份证明。

I. 企业名称预先核准通知书。

J. 公司住所证明。

K. 国家工商行政管理总局规定要求提交的其他文件。

（2）物业服务企业三级（暂定）资质条件

①申报资质的物业服务企业名称应当冠名××物业管理股份有限公司或有限责任公司。

②注册资金 50 万元以上人民币。

③物业管理专业人员以及工程、管理、经济等相关专业类的专职管理和技术人员不少于 10 人。其中，具有中级以上职称的人员不少于 5 人，工程、财务等业务负责人应具有相应专业中级以上职称。

④物业管理专业人员按照国家有关规定取得职业资格证书。其中，企业经理取得建设部颁发的物业服务企业经理资格证书，取得物业管理职业资格证书的人数不少于 5 人。

⑤建立并严格执行服务质量、服务收费等企业管理制度和标准。

（3）物业企业三级（暂定）资质申请材料

①物业服务企业三级（暂定）资质申报表（2 份）。

②工商营业执照正副本复印件（核原件）（1 份）。

③全国物业管理从业人员岗位证书复印件（核原件）（1 份）。

④中级以上专业技术人员职称证书复印件（核原件）（1 份）。

⑤经市劳动部门鉴证的劳动聘用合同书复印件（核原件）或聘书（离、退休人员）（1 份／人）。

⑥身份证复印件（核原件）（1 份／人）。

⑦原聘用单位解聘证明书复印件（核原件）（1 份）。

⑧企业管理制度。

⑨会计师事务所出具的验资证明复印件（核原件）。

⑩法人代表证复印件（核原件）。

⑪公司章程。

⑫审批部门要求提供的其他材料。

三、物业服务企业的机构设置

1. 物业服务企业设立的程序

①文件准备。

②资质审查和工商注册登记。

③税务登记和公章刻制。

2. 物业服务企业的机构设置

1）机构设置的原则

机构设置的原则为统一指挥、权责对等、因事设职、分工协作、经济合理。

2）机构的类型

（1）直线制的组织机构形式

直线制是企业管理机构最早的一种组织形式。采用这种类型的物业管理公司一般都是小型的专业化物业管理公司，以作业性工作为主，如专门的保洁公司、保安公司、维修公司等。这些公司下设专门的作业组，由经理直接指挥。

直线制的特点是企业的各级组织机构从上到下实行垂直领导，各级主管人员对所属单位的一切问题负责，不设专门职能机构，只设职能人员协助主管人员工作。

直线制的优点是责权统一，行动效率高；缺点是对领导者的要求比较高，要通晓多种专门知识，能亲自处理许多具体业务。

（2）直线职能制组织结构形式

这种组织结构形式是把企业管理机构和人员分为两类，一类是直线领导机构和人员，按命令统一原则对各级组织行使指挥权；另一类是职能机构和人员，按专业化原则，从事组织的各项职能管理工作。直线领导机构和人员在自己的职责范围内有一定的决定权和对所属下级的指挥权，并对自己部门的工作负全部责任。而职能机构和人员，则是直线指挥人员的参谋，不能直接对部门发号施令，只能进行业务指导。

（3）事业部制组织结构形式

这种组织结构形式是分级管理、分级核算、自负盈亏的一种形式，即一个公司按地区或按产品类别分成若干个事业部。从产品的设计、原料采购、成本核算、产品制造，一直到产品销售，均由事业部及所属工厂负责，实行单独核算、独立经营。公司总部只保留人事决策、预算控制和监督大权，并通过利润等指标对事业部进行控制。这种组织结构的基本原则是"集中决策、分散经营"，即重大事项由集团公司最高决策层进行决策，再由事业部独立经营。

（4）矩阵制的组织结构形式

这种组织结构形式是为了改进直线职能制横向联系差、缺乏弹性的缺点而形成的一种组织形式。它的特点表现在围绕某项专门任务成立跨职能部门的专门机构上。如组成一个专门的产品（项目）小组去从事新产品开发工作，在研究、设计、试验、制造等各个不同的阶段,由有关部门派人参加,力图做到条块结合,以协调有关部门的活动,保证任务的完成。这种组织结构形式是固定的,人员却是变动的,需要谁,谁就来,任务完成后就可以离开。项目小组和负责人也是临时组织和委任的。任务完成后就解散,有关人员回原单位工作。因此,这种组织结构非常适用于横向协作和攻关项目。在组织结构上,它是把职能划分的部门和按产品(项目)划分的小组结合起来组成一个矩阵,一名管理人员既同原职能部门保持组织与业务上的联系,又参加项目小组的工作。职能部门是固定的组织,项目小组是临时性的组织,完成任务后就自动解散,其成员回原部门工作。

四、物业服务处的组织架构与职责

1. 物业服务处的职责

①公共服务——最基本的普惠性服务。

②专项服务和特约服务——经营性服务。

③社区文化活动——建设社区共同的居住观和行为模式。

④协助政府进行社会综合管理——非独立承担。

⑤完成总部工作任务——改革试点。

2. 物业服务管理处架构和运作模式

管理处的架构和运作模式一般根据企业的规模、类型、体制和资源情况,同时结合所管辖物业的具体类型、性质和管理要求来决定。

(1)一般中、小型物业服务管理处架构(图 2.2)

此类架构特点有如下几条:

①架构较精简。

②实行企业统一领导下的管理处主任负责制。

③管理处是相对独立进行运作的质量中心。

④主任有充分的权力处理管理处事务。

⑤总部职能部门对管理处进行质量检查和资源调配,支持管理处工作。

⑥各助理分管不同的事务,对主任负责。

(2)大型物业服务管理处架构(图 2.3)

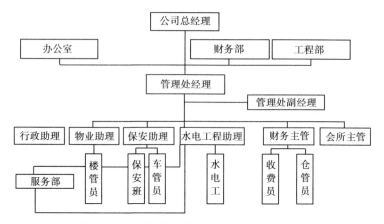

图2.2 中、小型物业服务管理处架构示意图

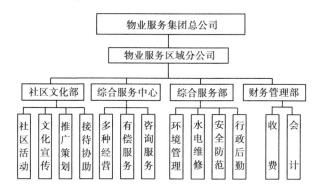

图2.3 大型物业服务管理处架构示意图

此类架构特点有如下几条：

①当物业面积大、功能复杂、社会影响力大、服务对象复杂时,则可成立专门的管理服务分支机构——分公司。

②独立的分公司具有较大的灵活性,便于质量监管和制度落实。

③分公司设经理作为主管领导负责。

④分公司下设综合服务中心、综合管理部、社区文化部、财务部等,并以专项服务项目招标形式进行发包运作。

（3）大厦物业服务管理处的架构

高层综合写字楼、商业大厦在物业特性、管理及服务对象等方面与住宅小区有较大的差别。主要体现在物业的权属、服务对象、设备管理、经营管理等方面。因此,大厦物业管理处的架构要根据其用途和特点进行设置。

五、物业服务企业的权利和义务

1. 物业服务企业的权利

物业服务企业的权利有 3 个方面:有权采取完成委托任务所必需的行为;有权获得劳动报酬;有权根据合同制止违背全体业主利益的行为。

物业服务企业具体权利包括如下内容。

①根据有关法规,结合实际制订管理办法。

②依照物业服务委托合同和管理办法对物业实施管理。

③依照物业服务委托合同和有关规定收取管理费。

④有权制止违反规章制度的行为。

⑤有权要求业主委员会协助管理。

⑥有权选聘专业公司承担专项管理业务,但不得将整体管理责任权力及利益转让给其他人或单位,不得将专项业务承包给个人。

⑦可实行多种经营,以其收益补充管理经费。

2. 物业服务企业的义务

①履行物业服务委托合同,依法经营。

②接受业主委员会和业主及非业主使用人的监督。

③重大管理措施应提交业主委员会审议批准。

④接受行政主管部门的监督、指导。

⑤至少每 6 个月向全体业主公布一次管理费收支账目。

⑥提供优良生活环境,搞好社区文化。

⑦发现违法行为要及时向有关行政管理机关报告。

⑧其他的相关义务。

任务指导 2.1　完成任务情景 2.1 中的工作任务。

目的:熟悉物业服务企业在社会分工中的定位和权利义务。

步骤:第 1 步,仔细阅读情景任务;

第 2 步,进行分组讨论,现场交流;

第 3 步,请每组派代表写下物业服务企业的权利和义务,老师点评。

技能实训 2.1　模拟组建"重庆佳居物业服务有限公司"。

目的:通过组建"重庆佳居物业服务有限公司",训练学生创业意识,提升学生对优质物业服务企业的认识。

内容:完全按照物业服务企业组建的正常程序进行。

安排:将全班分成评委组、资料准备组、筹建操作组。评委组主要负责制定评分标准,当好评委;资料准备组主要作好资料准备,完成本职工作;筹建操作组主要做好资料整理和外联工作,并做好事后总结工作。

思考练习

(1)物业服务企业在社会分工中的定位是什么?

(2)怎样建立物业服务企业?

(3)物业服务企业有哪些权利和义务?

项目二 业主大会及业主委员会

任务情景 2.2

阅读以下资料并分小组讨论:

★以《业主委员会章程》为依据,此次业主委员会的召开是否合法,表决结果是否有效?

★业主委员会作为业主的代表,在供热问题上,他们是否真正倾听了业主的意见?

业主要求供暖,业主委员会应该听谁的

2010年8月份,某园区的业主联名向物业管理处提出今年需要供暖的要求,但物业管理处没有同意。同年10月份,业主主动联系供热中心和热力有限公司给小区安装集中供暖设施,并缴纳了配套费。

热力有限公司为了设计供暖管道线路,需要建房时的地下管网图纸,但物业管理处答复管网图纸丢了,只提供一份小区建筑的平面图。热力有限公司只好请设计院一名工程师根据平面图推测设计供暖管道路线,并经过物业管理处有关部门审查批准。之后一天,物业管理处突然通知不能施工,理由是小区业主委员会不同意安装集中供热。经了解,小区业主委员会一共有11名成员,但物业管理处只召集了5名成员开会,其中两名成员弃权,剩下3名成员中有1名是管理处的材料供应商。

知识讲解

一、业主自治机构

1.业主自治机构的含义

业主自治机构是在一定物业管理区域内,物业的所有人对其所有的物业进行管

理、使用,维护其自身权益以及物业的整体利益而组成的自治性组织。具有民主性、自治性、公益性特征。

2.业主自治机构的设置

采取双重机构设置形式,即由全体业主成立业主大会,作为权力机关行使重大决策权;在业主大会下设立由业主民主选举产生的业主委员会,作为业主大会的常设机构和执行机关,行使日常事物的管理权。

二、设立业主自治机构的原则

①接受相关行政部门的组织指导和监督的原则。

②两权分离、间接管理的原则。

③以公益利益为目的的原则。

④服务性、无偿性原则。

⑤机构设置权责明确原则。

⑥业主地位平等原则。

三、业　主

业主是物业的所有权人。在一个物业管理区域内,房地产开发建设单位对其开发建设的物业在销售之前是唯一的业主,即第一业主(或称"原始业主"),而且这种"业主"身份一直延续到物业全部销售完毕。作为第一业主,房地产开发建设单位也应履行相应的义务。

1.业主的权利

①按照物业管理与服务合同的约定,接受物业服务企业提供的服务。

②提议召开业主大会会议,并就物业管理的有关事项提出建议。

③提出制定或修改管理规约、业主大会议事规则的建议。

④参加业主大会会议,行使投票权。

⑤选举业主委员会委员,并享有选举权。

⑥监督业主委员会的工作。

⑦监督物业服务企业履行物业服务合同。

⑧对物业共用部位、共用设施设备和相关场地的使用情况享有知情权和监督权。

⑨监督物业共用部位、共用设施设备专项维修基金的管理和使用。

⑩法律、法规规定的其他权利。

2.业主的义务

①遵守管理规约、业主大会议事规程。

②遵守物业管理区域内物业共用部位和共用设施设备的使用、公共秩序和环境卫生的维护等方面的规章制度。

③执行业主大会的决定和业主大会授权业主委员会作出的决定。

④按照国家有关规定交纳专项维修基金。

⑤按时交纳物业服务费。

⑥法律、法规规定的其他义务。

四、业主大会

1. 业主大会的宗旨和组成

①业主大会的含义。业主大会是由物业管理区域内全体业主组成,对物业管理重大事项作出决定,代表和维护物业管理区域内全体业主合法权益的自治性组织。

同一个物业管理区域内的业主,应当在物业所在地的区、县人民政府房地产行政主管部门或者街道办事处、乡镇人民政府的指导下成立业主大会,并选举产生业主委员会。但是,只有一个业主的,或者业主人数较少且经全体业主一致同意,决定不成立业主大会的,由业主共同履行业主大会、业主委员会职责。

②业主大会的宗旨:代表和维护全体业主的共同利益。

③业主大会的组成:由物业管理区域内全体业主组成。

2. 业主大会的职责

①制定、修改管理规约和业主大会议事规程。

②选举业主委员会。

③更换业主委员会委员,监督业主委员会的工作。

④选聘、解聘物业服务企业。

⑤制定、修改物业管理区域内物业共用部位和共用设施设备的使用、公共秩序和环境卫生的维护等方面的规章制度。

⑥法律、法规或业主大会议事规则规定的其他有关物业管理的职责。

3. 业主大会会议

①业主大会会议召开的形式:业主大会会议可以采用集体讨论的形式,也可以采用书面征求意见的形式。

②召开业主大会的法定人数:应当有物业管理区域内专有部分占建筑物总面积过半数的业主且占总人数过半数的业主参加方可召开。

③业主可以委托代理人参加业主大会会议。

④业主人数较多时可以推选业主代表参加业主大会会议。

⑤业主作出决定的法定人数。业主大会决定《物业管理条例》第十一条第(五)项和第(六)项规定的事项时,应当经专有部分占建筑物总面积2/3以上的业主且占总人数2/3以上的业主同意;决定本条例第十一条规定的其他事项时,应当经专有部分占建筑物总面积过半数的业主且占总人数过半数的业主同意。

小资料:

物业管理条例第十一条规定:"下列事项由业主共同决定:(一)制定和修改业主大

会议事规则;(二)制定和修改管理规约;(三)选举业主委员会或者更换业主委员会成员;(四)选聘和解聘物业服务企业;(五)筹集和使用专项维修资金;(六)改建、重建建筑物及其附属设施;(七)有关共有和共同管理权利的其他重大事项。"

⑥业主大会会议分为定期会议和临时会议。定期会议应当按照业主大会议事规则的规定召开。临时会议要经 20% 以上的业主提议,由业主委员会组织召开。

⑦召开业主大会会议,应当于会议召开 15 日以前通知全体业主。

⑧住宅小区的业主大会会议,应当同时告知相关的居民委员会。业主委员会应当作好业主大会会议记录。

五、业主委员会

1. 业主委员会的概念

业主委员会是按照法定程序,由业主大会从全体业主中选举产生。它是业主大会的执行机构,代表和维护物业管理区域内全体业主的合法权益。

2. 业主委员会的性质与地位

①业主委员会的性质:它是体现全体业主的共同意志和利益,代表全体业主实施自治管理的社团组织。

②业主委员会的地位:它是业主大会的执行机构,是实现业主自治管理的重要形式。

3. 业主委员会的产生与构成

(1)业主委员会的产生

第一届业主委员会,由物业管理行政主管部门会同开发建设单位或物业服务企业、业主代表组成筹委会,筹委会推荐候选人名单,提交第一次业主大会选举产生。

每届业主委员会任期 3 年,任期届满后由业主大会选举新的业主委员会,可以连选连任。

业主委员会是社团组织(或社团法人),自选举产生之日起 30 日内,向物业管理政府主管部门办理备案登记。登记时提交下列文件:注册登记申请书;业主委员会成员名单;业主委员会章程。

业主委员会应当自选举产生之日起 30 日内,向物业所在地的区、县人民政府房地产行政主管部门和街道办事处、乡镇人民政府备案。业主委员会委员应当由热心公益事业、责任心强、具有一定组织能力的业主担任。业主委员会主任、副主任在业主委员会成员中推选产生。

(2)业主委员会的构成

业主委员会设委员 5~15 名。其中主任 1 人,副主任 1~2 人,在全体委员中推选产生。执行秘书 1 人,也可以不是业主委员会成员。业主委员会主任、副主任、执行秘书可以专职或兼职,要热心公益事业,对物业管理有较多了解,有一定组织能力和较高的威信。

4. 业主委员会职责

业主委员会是业主大会的执行机构,需要履行下列职责。

①召集业主大会会议,报告物业管理的实施情况。

②代表业主与业主大会选聘的物业服务企业签订物业服务合同。

③及时了解业主、物业使用人的意见和建议,监督和协助物业服务企业履行物业服务合同。

④监督管理规约的实施。

⑤业主大会赋予的其他职责。

业主大会、业主委员会应当依法履行职责,不得作出与物业管理无关的决定,不得从事与物业管理无关的活动。

业主大会或者业主委员会的决定,对业主具有约束力。业主大会或者业主委员会作出的决定侵害到业主合法权益的,受侵害的业主可以请求人民法院予以撤销。业主大会、业主委员会作出的决定违反法律、法规的,物业所在地的区、县人民政府房地产行政主管部门或者街道办事处、乡镇人民政府,应当责令其限期改正或者撤销其决定,并通告全体业主。

业主大会、业主委员会应当配合公安机关,与居民委员会相互协作,共同做好维护物业管理区域内的社会治安等相关工作。在物业管理区域内,业主大会、业主委员会应当积极配合相关居民委员会依法履行自治管理职责,支持居民委员会开展工作,并接受其指导和监督。

住宅小区的业主大会、业主委员会作出的决定,应当告知相关的居民委员会,并认真听取居民委员会的建议。

5. 业主委员会的日常工作

①了解和掌握物业管理区域内业主和物业使用人的基本情况。

②组织实施选聘物业管理公司的招标活动。

③提出是否续聘物业服务企业的建议。

④代表业主大会管理物业专项维修资金。

⑤宣传、教育、督促业主和物业使用人自觉遵守管理规约和各项规章制度,协调业主、物业使用人、物业服务企业之间的关系。

⑥协助物业服务企业对物业管理区域内的物业进行管理。

⑦做好业主委员会的内部管理工作。

⑧开展有利于业主和物业使用人身心健康的各项有益活动,努力创建文明社区。

6. 业主委员会会议

①《业主大会规程》规定,业主委员会应当自选举之日起 3 日内召开首次业主委员会会议,推选产生业主委员会主任、副主任。

②经1/3以上业主委员会委员提议或业主委员会主任认为必要的,应当及时召开业主委员会会议。

③会议应当有半数以上委员出席,作出的决定必须有半数以上委员同意才能通过。

④作出的决定应以书面形式及时公告给广大业主。

任务指导2.2　　完成任务情景2.2中的工作任务。

目的:熟悉业主大会和业主委员会的设立及运作。

步骤:第1步,阅读任务情景中的背景资料;

　　　第2步,分组讨论,书面记录;

　　　第3步,交流并发言。

提示:

该物业管理处目前表示,《物业管理条例》规定,物业公司只能协助执行业主委员会的决定。大力支持小区安装集中供暖,但业主委员会考虑到春节之前如果不能完成施工,将会给居民带来不安全因素,所以物业不同意安装暖气。然而从该管理处的实际做法来看,物业管理处不是在协助业主委员会工作,而是在对其进行操纵。因为物业管理处无权召集业主委员会会议,该会议参加会议人数不足,其中又有与物业管理处有特殊利益关系者参与,因此表决结果无效,也代表不了全体业主的意愿。该物业管理处应向全体业主道歉,改正其错误做法,积极主动配合热力有限公司完成供暖工程。

 技能实训2.2　　仔细阅读下面的资料后,作出选择并说明原因。

目的:熟悉业主大会和业主委员会的设立及运作。

步骤:第1步,阅读讨论材料;

　　　第2步,进行分组讨论,现场交流并发言。

背景资料:

某住宅小区于2002年3月开始预售,2003年6月竣工交付使用时出售的房屋建筑面积占该小区总建筑面积的68%。2004年7月该小区有部分业主自发召开业主大会会议并选举产生了业主委员会。业主委员会在向公安机关申请刻制印章未果后,便私自刻制了印章,并将原物业管理公司解聘,新选聘了一家物业服务企业为该小区提供物业管理与服务。原物业管理公司因此状告该业主委员会非法设立,违法运作。

经调查发现,该小区业主大会在成立业主大会筹备过程中,既未告知当地房地产行政主管部门、街道办事处,也未告知小区的房地产开发商、物业管理公司,既未起草《管理规约》《业主大会议事规则》,也未确定业主在首次业主大会会议上的投票权,更未将业主委员会候选人情况进行公示。在首次召开业主大会会议时,也未向全体业主发出会议通知,包括拥有 1 000 m² 房屋建筑面积所有权的小区开发商,到会的业主持有建筑面积仅占40%。选出的业主委员会委员中,有一人是某业主的父亲,有一人是业主的亲戚。业主大会成立后,也未与小区开发建设单位办理移交手续。

讨论题目:

(1)该小区业主大会成立的条件具备吗?

(2)该小区业主大会的成立合法吗?

(3)该小区业主委员会的设立是否有效?

(4)该小区业主委员会新选聘物业管理公司的决定是否有效?

(5)该小区业主委员会与新的物业管理公司签订的物业服务合同能履行吗?

思考练习

(1)什么是业主?业主有哪些权利和义务?

(2)业主大会怎样成立?怎样召开业主大会?

(3)怎样产生业主委员会?业主委员会有哪些职责?

项目三　物业服务企业与相关机构

任务情景2.3

重庆某物业公司廖总经理为了搞好与相关政府部门和企业的合作关系,找来办公室王主任。给他布置了以下工作任务,并要求3天后提供书面材料和工作方案。请思考并帮助王主任解决问题。

★找出与本企业相关的主要政府部门中为本企业提供能源、通信等协助业务的企业主要有哪些?

★本企业为获得相关政府部门的工作支持,按照法律规定,应当如何配合相关政府部门开展工作?

★本企业应如何与提供能源、通信、物业专业服务企业相互合作,共同发展?

知识讲解

物业服务企业的相关机构主要包括房地产行政主管部门、能源通信部门、物业建设单位、街道办事处与居委会、行业协会、工商税务物价部门、专业服务企业等。

一、房地产行政主管部门

1. 我国物业服务行业的行政管理实行分级管理

国务院《物业管理条例》第五条规定:国务院建设行政主管部门(即国务院住房和城乡建设部)负责全国物业管理活动的监督管理工作;县级以上地方人民政府房地产行政主管部门(即地方住房和城乡建设厅或局)负责本行政区域内物业管理活动的监督管理工作。

《重庆市物业管理条例》第五十条规定:行政管理部门不得委托物业服务企业实施行政管理事项。物业服务企业不得以任何方式和理由行使属于行政管理部门的行政管理职责,但应当协助行政主管部门行使管理职责。

2. 房地产行政主管部门对物业服务行业进行管理的主要职责

①审批物业服务企业的经营资质。

②对物业管理招投标活动实施监督管理。

③对日常物业管理活动实施监督管理。

④组织物业服务企业参加考评和评比。

二、能源、通信部门

1. 能源、通信部门与物业服务企业地位平等

能源、通信部门与物业服务企业都属于企业,不存在管理与被管理的关系。能源部门为物业服务企业提供所需能源并获取利润;通信部门为物业服务企业提供通信服务并获取利润。

2. 能源、通信部门与物业服务行业的关系

能源、通信部门与物业服务企业分工明确,配合密切。

三、物业建设单位

1. 物业建设单位与物业服务企业属于同一产业链

物业建设单位与物业服务企业同属于房地产业。在房地产业发展初期,分工不明确,物业建设单位不但负责建筑,还同时负责规划设计、产品营销和售后服务(含物业服务)。随着房地产业的发展,内部分工越来越细,包括房地产规划设计、产品营销和物业服务等部分先后分离出来,从而形成相互关联的产业链。

2. 物业建设单位在物业服务中的责任

①为业主提供良好的售后服务,是物业建设单位的基本责任。

②物业开发建设单位应当向物业的所有人或物业服务公司提供物业的使用说明书和工程质量保证书。

③在业主大会选聘物业服务企业之前,物业的建设单位应按照房地产开发与物业管理相分离的原则,通过招投标的方式选聘具有相应资质的物业服务企业承担前期物

业管理工作。

四、街道办事处与居委会

1. 街道办事处和居委会是地方基层组织

街道办事处是地方基层政府在城镇的派出机构,受地方政府领导和委派,从事相关行政管理工作。居委会是在群众自治管理、民主管理中形成的机构,是一种自律机构,不是行政机关。物业服务企业、业主大会和业主委员会都应接受街道办事处和居委会的工作指导,并积极配合其开展社区建设工作。

业主大会、业主委员会作出的决定违反法律、法规的,物业所在地的区、县人民政府房地产行政主管部门或者街道办事处、乡镇人民政府,应当责令限期改正或者撤销其决定,并通告全体业主。

业主大会、业主委员会应当配合公安机关,与居民委员会相互协作,共同做好维护物业管理区域内的社会治安等相关工作。在物业管理区域内,业主大会、业主委员会应当积极配合相关居民委员会依法履行自治管理职责,支持居民委员会开展工作,并接受其指导和监督。

住宅小区的业主大会、业主委员会作出的决定,应当告知相关的居民委员会,并认真听取居民委员会的建议。

2. 街道办事处和居委会在物业服务活动中的主要职责

以重庆为例,《重庆市物业管理条例》规定:

①街道办事处(乡镇人民政府)负责指导本辖区内业主大会成立及业主委员会的选举工作,监督业主大会和业主委员会依法履行职责,调解物业管理纠纷,协调物业管理与社区建设的关系。

②居(村)民委员会协助街道办事处(乡镇人民政府)做好物业管理相关工作。

③实行物业管理联席会议制度。物业管理联席会议由街道办事处(乡镇人民政府)负责组织召集,由区县(自治县)房地产行政主管部门、居(村)民委员会、公安派出所、物业服务企业、业主委员会或者业主代表等各方代表组成。

物业管理联席会议主要协调解决下列事项。

a. 业主委员会不依法履行职责的问题。

b. 业主委员会换届过程中出现的问题。

c. 履行物业服务合同中出现的重大问题。

d. 提前终止物业服务合同的问题。

e. 物业服务企业在退出和交接过程中出现的问题。

f. 需要协调解决的其他物业管理问题。

五、物业服务行业协会

1. 物业服务行业协会是行业自律组织(以重庆市为例)

物业管理协会是以物业服务企业为主体,相关企业参加,按照有关法律、法规自愿组成的行业性的自律组织,具有社团法人资格。物业服务企业应积极参加物业管理行业协会的活动,接受其业务指导。

《重庆市物业管理条例》规定:鼓励物业服务企业加入物业服务行业协会,交流物业管理经验。物业服务行业协会作为物业服务行业自律组织,应当制定行业行为规范,调解物业服务企业纠纷,推动物业管理健康发展。房地产行政主管部门应当加强对物业服务行业协会的指导和监督。

2. 中国物业管理协会的主要职能

①协助政府贯彻执行国家的有关法律、法规和政策。

②协助政府开展行业调研和行业统计工作,为政府制定行业改革方案、发展规划、产业政策等提供预案和建议。

③协助政府组织、指导物业管理科研成果的转化和新技术、新产品的推广应用工作,促进行业科技进步。

④代表和维护企业合法权益,向政府反映企业的合理要求和建议。

⑤组织制定并监督本行业的行规、行约,建立行业自律机制,规范行业自我管理行为,树立行业的良好形象。

⑥进行行业内部协调,维护行业内部公平竞争。

⑦为会员单位的企业管理和发展提供信息与咨询服务。

⑧组织开展对物业服务企业的资质评定与管理、物业管理优秀示范项目的达标考评和从业人员执业资格培训工作。

⑨促进国内、国际行业交流和合作。

六、工商、税务、物价部门(以重庆市为例)

1. 工商、税务、物价部门是政府行政管理职能部门

工商行政管理部门的主要职能是负责企业生产经营活动的监管;税务部门的主要职能是负责国家和地方相关税款的征收监管;物价部门的主要职能是对企业执行国家价格政策情况进行监管。工商部门、税务部门、物价部门等相关政府职能部门相互配合和合作,共同为国民经济的健康发展保驾护航。物业服务企业必须接受工商、税务、物价、公安或派出所、环卫及园林部门的监督和指导。

《重庆市物业管理条例》规定:市和区县(自治县)价格、规划、土地、建设、市政、公安、工商、民政部门及其他有关行政管理部门按照各自职责,负责本行政区域内物业管理活动的监督管理及物业管理区域内的行政管理工作。

2. 地方工商行政管理局的主要职责

①负责全市各类工商企业、个体工商户、经济检查业的注册登记与监管工作。

②负责全市范围内商标注册登记核准、变更、转让、续展、保护商标专用权,查处商标侵权行为。

③负责对全市范围内各类广告发布的审查,查处虚假和违法广告。

④负责对全市范围内各类经济合同审查、鉴证,查处违法合同。组织开展"重合同,守信用"活动。

⑤负责培育各类市场,规范市场主体的经营行为,严格执行市场规则,维护市场秩序。

⑥负责对全市市场交易活动中各类经济违法案件的查处工作。制止违法垄断和不正当竞争,依法查处走私、贩私和投机倒把及损害消费者权益的经济违法行为。

3. 税务机关的主要职责

①加强税收法制建设,进一步推进依法治税。要推进税法体系建设,规范税收执法,大力整顿和规范税收秩序,加强税法宣传教育。

②积极稳妥地推进税制改革和税收政策调整,逐步建立有利于科学发展和公平分配的税收制度。要推进所得税制改革,深化流转税制改革,着力抓好地方税制改革,调整和完善税收政策。

③继续大力实施科学化、精细化管理,进一步提高税收管理的质量和效率。要认真做好征管基础工作,进一步加强流转税管理,加大所得税管理力度,加强地方各税种管理,规范内部管理,全面推进税收管理信息化建设。

④改进和优化纳税服务,积极构建和谐的税收征纳关系。要强化纳税服务理念,丰富纳税服务内容,改进纳税服务手段和方式,进一步减轻纳税人办税负担,完善纳税服务管理制度。

⑤切实加强干部队伍建设,努力打造一支政治素质高、业务技能强的专业化队伍。要加强领导班子建设,深化干部人事制度改革,大规模培训干部,加强党的先进性建设。

⑥完善惩治和预防腐败体系,进一步推进税务系统反腐倡廉建设。要切实加强领导干部监督工作,认真落实党风廉政建设责任制,加强对税收执法权和行政管理权的监督制约,严肃查处违纪违法案件,扎实开展反腐倡廉教育。

4. 地方物价局的主要职责(以重庆市为例)

重庆市物价局是主管全市物价工作的市政府工作部门,主要工作职责有以下10项。

①负责重庆市的价格工作,维护正常的价格秩序,对价格活动实行动态管理、监督和必要的调控。

②贯彻落实国家关于价格和收费改革的方针、政策;实施国家有关的收费项目和标准;拟订全市价格和收费改革方案并组织实施;提出运用价格手段调节全市经济的政策建议;制订全市价格和收费政策的年度计划和长远规划;研究提出政府分级管理商品和服务价格的范围、原则和作价办法。

③按照国家的要求,提出全市价格总水平调控目标和措施;负责监测、预测物价总水平的变动,研究分析物价指数变动情况和趋势,及时进行市场价格预警并提出对策;建立、完善价格监测体系。

④贯彻实施国家各项价格规定和统一价调方案;研究拟定全市重要商品和服务项目的价格政策;拟定、调整市管重要商品和服务价格;提出市管收费项目的收费标准。

⑤监督检查县、区人民政府、市直各部门和受市委托的中直部门及所属企业价格法规、政策执行情况;依法查处各种违规定价、违规收费行为及案件;受理与价格、收费有关的行政复议案件和诉讼案件。

⑥按照国家统一部署,负责全市农副产品、工业产品、公用事业成本和流通费用的调查;审核、汇总主要产品成本、收益及资料上报工作,并提出相应的政策建议。

⑦组织、参与全市地方性价格政策和规范性文件的起草、论证、制定及法制宣传教育工作;指导全市的价格监督和举报工作。

⑧负责开展价格咨询、鉴证、评估、认证和信息服务工作。

⑨负责全市副食品价格调节基金的征收、管理、使用和监督。

⑩承办市政府交办的其他事项。

七、物业专业服务公司

1.物业专业服务公司的优势

物业服务企业有权利选择专业服务公司来承担专项管理服务工作。随着社会化、专业化分工的发展,会有越来越多专业性的服务公司出现,比如保洁公司、保安公司等。物业服务企业将小区的一些服务分包给这些专业化的公司是降低成本、提高专业化水平的一种发展趋势。对于住户来说,也能享受到各方面最专业、最优良的服务。那些大而全、小而全的公司常常会因人员开支庞大、成本居高不下而在市场竞争中缺乏优势。

2.物业服务企业选择专业服务公司的要求

《物业管理条例》规定:物业服务企业可将物业管理区域内的专项服务业务委托给专业性服务公司,但不得将区域内的全部物业管理一并委托给他人。物业服务企业对自己下设的专业服务部门可以实行承包责任制,对选聘的专业服务公司实行合同制。

任务指导2.3　完成任务情景2.3中的工作任务。

目的:熟悉物业服务企业其他相关机构及其职责,物业服务企业应该怎样协调并做好相关机构的工作。

步骤：第1步，仔细阅读任务情景2.3；

第2步，进行分组讨论，现场交流。

 技能实训2.3

阅读以下案例，归纳、分析物业管理处为协调有关方面做了哪些具体工作，并分小组讨论：通过阅读此案例，你对物业服务企业相关机构有哪些认识？

物业管理面对矛盾如何"众口难调却要调"？

某多层房小区陆续有业主入住，一时小区内装修红红火火。装修自然会产生装修建筑垃圾，自然也就有了临时性的装修垃圾堆放点，不免给临近业主带来不舒服的感觉。于是小区里不少业主到物业管理处和居委会"告状"，反映建筑垃圾临时堆放对环境整洁有影响，要求物业管理处取消临时堆放，否则将联名写信或上访。

物业管理处对业主们的反映非常重视，翻来覆去筹划如何解决。既要从实际出发理解业主入住装修，又要尽量满足业主对环境整洁的要求。他们一方面细致地做工作，化解临时垃圾堆放点问题；另一方面及时与业主和居委会、爱卫会协调，争取支持、理解小区初始阶段的特殊情况。第一，与居委会商讨，取得共同认识，并召开相关业主代表协商会议，通过业主代表广泛向业主们宣传，入户装修家家都有，当时建筑垃圾也在临时堆放点，物业管理处承诺一定重视处理建筑垃圾临时堆放的问题，采取切实措施，使临时堆放带来的影响降低到最低限度，同时请业主克服暂时带来的不便，请求获得谅解、支持。第二，物业管理处随即与环卫所协商，增加建筑垃圾清运次数，防止堆放时间过长而影响周围居民的生活。第三，宣传和督促新入住业主把装修时产生的建筑垃圾袋装化，扎好口子，堆放整齐。第四，经过协商沟通，请爱卫会经常喷洒药水，以防止蚊蝇滋生。

在物业管理处广泛开展公关活动和多方努力下，该小区的装修垃圾临时堆放问题得到了切实有效的控制和管理。业主们对物业管理重视业主意见、切实解决难题，并且协调方方面面为业主排忧解难的工作，众口一词地表示："这样的物业管理让人放心，让人称心满意。"

思考练习

(1)房地产行政主管部门与物业服务企业的关系是什么？房地产行政主管部门的主要职责有哪些？

(2)简述物业建设单位在物业服务中的责任。

(3)工商税务物价部门与物业服务企业的关系是什么？工商、税务、物价部门的主要职责有哪些？

(4)物业服务行业协会是一个什么性质的组织？它与物业服务企业的关系是什么？

(5)物业服务企业选择物业专业服务企业时有什么要求？

模块三　物业管理与服务的工作过程

教学目标：

能力要素	实际操作标准	知识要求
认识如何获取物业管理项目	知道物业管理招投标的内涵 知道物业管理招投标的程序	物业管理招投标的概念、分类及适用条件 物业管理招投标的运作程序 物业服务合同的主要类型
认识早期介入和前期物业管理	知道早期介入的内涵 知道早期介入的工作内容	早期介入的概念 早期介入与前期物业管理的区别
认识承接查验	知道承接查验的内涵 知道承接查验的工作内容	承接验收与竣工验收的区别 承接双方的责任
认识业主入住和装修管理	能够按正确的程序进行业主入住手续办理	业主入住的内涵 业主入住的流程
认识物业管理日常服务	能够按服务规范进行日常物业服务	日常物业服务的内容 日常物业服务规范与注意事项
认识物业的撤管	能够妥善处理撤管时各方面的关系	物业服务企业的解聘条件和程序 物业服务企业在撤管中的责任

教学内容：

项目一　物业服务项目的获取

 任务情景3.1

小张是某物业管理公司市场部的经理,请思考他可以通过哪些途径去为公司拓展新的物业服务项目。

 知识讲解

一、物业管理市场

1.物业管理市场的含义

物业管理市场是商品市场的一个有机组成部分,物业管理活动提供的商品是物业服务,属于一种无形商品,它具有商品价值和使用价值的双重属性。物业服务企业向社会提供物业服务这种无形商品,而业主和物业的使用人正好需要物业服务这种无形商品,双方进行物业服务交换的过程,便构成了物业管理市场。因此,物业管理市场,是指以物业服务为交换对象的市场,是提供和购买物业服务这种无形商品的交换关系的总和。

2.物业管理市场的构成

物业管理行业的形成,必然推动物业管理市场的兴起和发展。物业管理市场是指以物业服务为交换对象的市场,它与其他市场一样,内在内容包括市场主体、市场客体、市场运行环境3个方面。

（1）市场主体

物业管理的市场主体是指直接参与或直接影响市场交换的各类行为主体,可分为供给主体、需求主体和协调主体3类。

①供给主体。供给主体是指提供物业服务的各种类型的物业服务企业,以及一些专门提供劳务和技术的专业服务公司,如清洁公司、保安公司、维修公司、绿化公司等。

②需求主体。需求主体主要是指需要物业服务的各类物业的业主及物业使用人,以及需要进行物业前期管理的房地产开发企业。

③协调主体。协调主体主要是指政府行业行政主管部门、政府基层办事机构和物业管理行业协会,如各省、自治区、直辖市以及以下各级政府所辖的建设部门和房地产管理部门。

（2）市场客体

物业管理市场的市场客体是指物业管理市场上供给主体和需求主体的交换对象，即物业服务。

（3）市场运行环境

物业管理市场运行环境是指构成该市场的一整套制度框架和确立市场运作法则的一系列政策法规。它主要包括以下内容。

①基本的社会经济制度和各类相关的专门性法律，包括《宪法》、经济体制以及《民法》《合同法》《物权法》等。

②房地产业及物业管理行业的法规和政策，如《物业管理条例》和各地结合当地实际出台的《物业管理行业管理办法》、物业管理的各种服务规范、各种管理规定等。

③物业服务企业的设立与资质审查制度，如《物业服务企业资质管理办法》等。

④业主委员会的组建及运作规定，如《业主大会规程》等。

⑤各类物业管理契约，如《物业服务合同》（示范文本）等。

⑥物业管理市场运作细则，如《前期物业管理招标投标管理暂行办法》等。

二、物业服务项目的获取

住宅及同一物业管理区域内非住宅的建设单位，应当通过招投标的方式选聘具有相应资质的物业服务企业；投标人少于3个或者住宅规模较小的，经物业所在地的区、县人民政府房地产行政主管部门批准，可以采用协议方式选聘具有相应资质的物业服务企业。

通过招投标的方式选聘物业服务企业的项目，仅为新开发的住宅及同一物业管理区域内的非住宅。新开发的非住宅项目，以及业主入住后由业主大会选聘物业服务企业的，既可采取招投标方式，也可采取其他方式。

1. 物业管理招标的概念

物业管理的招标，是指物业所有权人、其法定代表的开发商，业主委员会，在为其物业选择管理者时，通过制订符合其管理服务要求和标准的招标文件向社会公开，由多家物业服务企业竞投，从中选择最佳对象，并与之订立物业管理合同的过程。

2. 物业管理招标的方式

（1）公开招标

公开招标是指招标人（业主或开发商或物业服务企业）通过报纸、电视及其他新闻渠道公开发布招标通知，邀请所有愿意参加投标的投标人的招标方式。

（2）邀请招标

邀请招标是指不公开刊登广告而直接邀请某些单位投标的招标方式。

3.物业管理招标的程序

(1)成立招标机构

成立招标机构主要有两种途径。一种是开发商或业主自行成立招标机构,自行组织招标投标工作;另一种是开发商或业主委员会委托专门的物业管理招标代理机构招标。

(2)编制招标文件,确定标底

编制招标文件是招标准备阶段招标人最重要的工作内容。物业管理招标文件的内容、格式根据招标项目的特点和需要而有所不同,但任何招标文件都应当依据法规和惯例编写其基本内容。我国《招标投标法》规定:"招标文件应当包括招标项目的技术要求、对投标人资格审查的标准、投标报价要求和评标标准等所有实质性要求和条件以及拟签订合同的主要条款。"根据这一规定和国际惯例,物业管理招标文件的基本内容可概括为3大部分。

①投标人须知。投标人须知是招标文件的重要组成部分,它是业主或招标机构对投标人如何投标的指导性文件,其内容包括投标的条件、有关要求及手续等。

A.投标的条件。招标文件之所以要对投标的条件进行说明和规定,其目的是为了保证投标人的合格性和投标的真实性。为了保证投标人的合格性,招标机构有必要对潜在的投标人进行投标资格预审,招标文件在这一部分规定参加资格预审的投标人须递交的证明资料及其格式,以便统一进行审查。为了保证投标的真实性,招标人往往还要求投标人必须缴纳投标保证金,招标文件中规定了投标保证金的比例、缴纳方式以及保证书的格式等。

B.对投标文件的要求。如果说投标的条件侧重于对投标人的要求,则该部分侧重于对投标文件的要求。由于招标机构在接受投标书时,通常会检查投标书的制作和封送是否合乎程序,因此,招标文件必须在这一部分中写明对投标文件编写的统一要求(通常提供统一的投标文件格式)以及对投标文件封存和递交的规定,以便于开标和评标工作。

C.对招标程序的说明。由于整个招标过程应体现出公平、公正、合理的原则,而要体现公平、公正原则,重要的一条便是招标程序的公开化,以增加招标活动的透明度。招标文件这一部分的内容便是通过将开标、评标和定标的规划等招标过程的关键内容予以公开,从而体现了整个招标工作的公正、透明。

②合同条款。合同条款的目的在于将中标后所要签订的合同的内容规范化和公开化,这也是招标公平、公正原则的具体表现。合同的条款分为一般性条款和特殊性条款。前者通常是物业管理招标的行业性的约定俗成,对于不同的物业管理项目均具有一般性,通常由技术条款、商务条款和法律条款组成;后者则是针对每个具体不同的物业管理项目自身的特点而度身定造的个性化条款。按照个性包括共性的道理,在合

同条款中,特殊性条款也就优于一般性条款,当两者不一致时,合同应以特殊性条款为准。

③技术规范。技术规范是详细说明招标项目的技术要求,如,物业管理项目的服务标准、具体工作量等文件,当属招标文件的重点内容之一。

(3)确定标底

确定标底是招标的一项重要的准备工作。按照国际惯例,在正式招标前,招标人应对招标项目制定出标底。标底是招标人为准备招标的内容计算出的一个合理的基本价格,即一种预算价格,它的主要作用是作为招标人审核报价、评标和确定中标人的重要依据。因此,标底是招标单位的"绝密"资料,不能向任何无关人员泄露。特别是我国国内大部分项目招标评标时,均以标底上下的一个区间作为判断投标是否合格的条件,标底保密的重要性就更加明显了。

(4)发布招标公告或投标邀请书

①发布招标公告的渠道。发布招标公告应根据项目的性质和自身特点来选择适当的渠道。国际惯例中常见的招标公告发布渠道有指定的招标公报、官方公报、本国报纸、技术性或专业性期刊以及信息网络等其他媒体。

一般来说,一些必须招标的大型项目的招标公告都应在指定的刊物上刊登。如实行国际竞争招标的公告的指定发布刊物为联合国出版的《发展商务报》(Development Business);必须实行国内公开招标的项目的招标公告指定在我国出版的《中国招标》期刊上刊登。除了必须在指定的刊物上刊登以外,此类项目还可以在官方公报上刊登招标公告,使投标具有广泛性,如,在我国还主要刊登在《人民日报》《中国日报》上。

对于大多数中小规模的物业管理招标项目,其招标公告一般选择在国内广泛发行的一种报纸上刊登。如果是实行地方性公开招标的项目,其招标公告应选择在本地的官方公报或本地区广泛发行的一种报纸上刊登。另外,还可以选择在一些专业类期刊上刊登,如房地产、物业管理专业期刊等。

实际上,除了一些必须要在指定刊物刊登的招标项目外,国际惯例对招标公告的发布一般只要求符合信息广泛性原则。因此通常情况下,一项招标项目往往同时通过几种渠道发布其招标公告,而不拘泥于某一种渠道,比如在当今的信息网络上刊登招标公告。

②发布招标公告的时间安排。为使潜在的投标人对招标项目是否投标进行考虑和有所准备,招标人在刊登招标公告时,在时间安排上应考虑以下两个因素。

A.刊登招标公告所需时间。各类刊物从接受广告申请到刊出广告需要一定时间,如果没有充分地考虑,招标公告可能会在投标截止日期之后才能刊登出来。另外,如果要通过几个渠道发布招标公告,要考虑到各类渠道的出版周期(如报刊的出版周期显然要比网络媒体长),以便招标公告基本能在同一时间刊登出来。

B. 投标人准备投标所需时间。这一时间应从招标公告预计发布日期开始计算。投标人申请投标→得到招标文件→准备投标→递交投标书需要有足够的时间。按照国际惯例,从招标公告发布之日算起,应让投标人至少有 45 天(通常为 60 ~ 90 天)来准备投标和递交标书。

③招标公告的内容和格式。招标公告应以简短、明了和完整为宗旨。通常情况下应包括以下内容。

A. 招标单位(业主或开发商)名称。

B. 项目名称。

C. 项目地点。

D. 项目资金来源(物业管理资金来源,如业主分摊或开发商预付等)。

E. 招标目的(邀请资格预审还是邀请投标)。

F. 项目要求概述(项目性质、规格及管理要求)。

G. 购买招标文件的时间、地点和价格。

H. 接受标书的最后日期和地点。

I. 开标日期、时间和地点。

J. 如果需要,规定资格预审的标准,以及提供资格预审文件的日期、份数和使用语言。

K. 必要时规定投标保证金的金额。

L. 招标单位的地址、电话等联系方法。

招标公告的具体内容和格式可以根据招标人的具体要求进行变通,然而招标公告的基本内容,如招标人的名称和地址、招标项目的性质、数量、实施地点和时间,以及获得招标文件的办法等关键事项,按照我国《招标投标法》规定必须载明。至于投标邀请书的内容和格式与招标公告大致相同,在此不再重复。

(5)组织资格预审

①资格预审的程序。

发出资格预审通告或资格预审邀请书。发布资格预审通告通常有两种方法。一种是在前述的招标公告中写明将进行资格预审,并通告领取或购买资格预审文件的地点和时间;另一种方法是在报纸上另行刊登资格预审通告。资格预审通告的主要内容包括:招标项目简介;项目资金来源;参加预审的资格;获取资格预审文件的时间、地点以及接受资格预审申请的时间和地点。按照惯例,从刊登资格预审通告的日期到申请截止日期应不得少于 45 天。

出售资格预审文件。资格预审文件应提供招标人及招标项目的全部信息,其内容应比资格预审通告更为详细,如对若干物业服务企业组成联合体投标的要求等。此外,资格预审文件中还可规定申请资格预审的基本合格条件,或对外资物业服务企业单独或联合投标的一些规定,申请投标资格预审的一些基本要求,例如,从事该行业至少若干年,承担过类似的物业管理项目等。最后,招标人还应在资格预审文件中规定资格预审申请表和资料递交的份数、时间和地点及文件所使用的语言等。

评审。资格预审申请书的开启不必公开进行,开启后由招标机构组织专家进行评审。如有必要,还可召开资格预审准备会议,以便申请人取得有关项目情况的第一手资料。

②资格预审的内容。

申请人的基本情况:公司名称、地址、电话和传真、公司等级、注册资本、关系企业等,以及与本合同有关的主要负责人、项目授权代表;公司组织机构情况,专业人员及管理人员的人数;公司历年承包合同的类型、金额及主要所在地区等。

申请人的财务状况:公司资产负债表、损益表等财务报表;银行过去5年的资信证明以及对未来2年财务情况的预测报告。

经验和过去的表现:过去5年内申请人完成的类似项目的基本情况,如,这些项目和业主的名称、项目工作量、合同金额、服务期限等。

对于上述在预审中申请人必须提交的重要内容应当在资格预审文件中予以明列,或制成表格,要求申请人按要求填写。

③资格预审的评审方法。

招标单位可以根据自己的要求来决定资格预审的评审方法。目前国际上广泛采用的是"定项评分法",同时采用比较简便的百分制计分。"定项评分法"就是对申请人提交的资料进行分类,并按一定标准制分,最后确定一个取得投标资格的最低分数线。达到或超过最低分数线的申请人被视为合格,可以参加投标;未能达到最低分数线的申请人则被视为不合格,不能参加投标。

(6)召开标前会议

招标机构通常在投标人购买招标文件后、开标前,安排一次投标人会议,主要是汇集研究投标人提出的各类问题,进行澄清和解答,即标前会议。

招标文件中一般有专项说明标前会议的日期,如果更改日期,招标机构应立即通知投标人。也有的招标机构要求投标人在规定日期内将所有疑问以书面形式寄给招标人,招标人在汇集所有投标人的问题后,提供统一的书面解答。

(7)开标、评标与定标

开标、评标与定标是招标实施过程的关键阶段,也是整个招标过程中程序最严密、对招标人能力要求最严格的阶段。

招标人或招标机构收到物业服务企业封送的投标书后,经过审查认为各项手续均符合规定时,即可收入。在公开预定的时间(一般为招标文件确定的提交投标文件的截止时间)、地点(招标文件中预先确定的地点)当众拆封开标,公开宣读各物业服务企业的标的,并声明不论管理服务费高低均有中标希望。之后便由各方面专家组成的评标委员会或评标小组进行评标。

从开始评标到最后定标,一般要经过 3 ~ 6 个月的定标期。在这段时间内,招标人或招标机构要多方面对各个投标人的标书进行研究,必要时还要分别召开答辩会,方能最后定标。在评选过程中,应以管理服务费报价、管理服务质量和管理方案先进程度作为主要的衡量标准。

评标工作结束时,评标委员会通常会向招标人筛选出几个最有竞争力的中标推荐人,由招标人(业主或开发商)作最后决定。在这一阶段,招标人往往同时与中标推荐人进行谈判,以最充分地获取投标人的信息,这种谈判在惯例中也被称为“议标”(不同于招标方式中的“议标”)。经过“议标”后,最后才由招标人决定谁中标。值得注意的是,我国的《招标投标法》规定,通常情况下招标人从评审委员会推荐的几位中标候选人中选取一个作为中标人,但在中标候选人均不符合招标人要求的情况下,招标人有权拒绝定标,从而取消招标。然而,招标人不得从评标委员会推荐的中标候选人之外的投标人中选定中标人,否则视作中标无效。

(8)招标结束阶段

招标人在最后选出中标人时,招标工作便进入结束阶段。这一阶段最大的特点是招标人与投标人由“一对多”的选拔和被选拔关系逐渐转移到“一对一”的合同关系。这一阶段的具体内容包括合同的签订与履行、资料的整理与归档。

三、物业管理投标

1. 物业管理的投标

符合招标文件要求的物业服务企业根据招标文件中确定的各项管理服务要求与标准,根据国家有关法律、法规与本企业的实力,编制投标文件,参与投标活动。

2. 物业管理投标实施阶段的工作内容

①购买、阅读招标文件。

②标前调查与现场考察。

③制订管理服务方法及工作量。

④制订资金计划。

⑤标价试算。

⑥标价评估与调整。

⑦办理投标保函。

⑧封送标书、保函。

四、物业服务合同与前期物业服务合同

物业服务合同分为两类:一类是建设单位与物业服务企业订立的前期物业服务合同,还有一类是业主委员会与物业服务企业订立的物业服务合同。这两种类型的物业

服务合同以其合同主体的不同作为区分依据,分别形成于物业管理的两个不同时期,不能同时并存,后者的生效将直接导致前者的失效。因其签订主体与形成时期的不同,也决定这两类合同内容的差异性。

任务指导 3.1　完成任务情景 3.1 中的工作任务。

目的:了解物业服务项目获取的途径及其适用情况。

步骤:第 1 步,阅读相关材料;

　　　第 2 步,分组进行讨论;

　　　第 3 步,每组选举发言人,拟定回答内容。

技能实训 3.1

(1)阅读以下招标公告,制作一份投标书。

(2)若小张所在公司中标,请拟订一份物业服务合同。

××小区物业管理招标公告

××小区位于杨浦区五角场地区。小区主要建筑为高层、多层住宅,属杨浦区商品住宅小区。经小区业主大会表决通过,决定向社会诚聘物业服务企业为小区提供物业管理和服务。根据《中华人民共和国招标投标法》、住建部《前期物业管理招标投标管理暂行办法》以及上海市的相关政策法规,现采用公开招标方式选聘物业服务企业。

现将有关事项公告如下。

1. 招标单位

××小区业主大会。

2. 招标代理单位

上海××物业管理招投标代理有限公司。

本次招标由上海××物业管理招投标代理有限公司负责招投标活动的策划、组织和协调工作。

3. 标的及标的说明

本项目建造的物业类型为:高层住宅、多层住宅。

物业坐落位置:杨浦区××东路 900 弄。

本项目根据派出所确定的门牌号为:××东路 900 弄 1 号楼—30 号楼,共 30 个门牌号。

地块四至范围:东至五角场 800 号靠近××北路,西至原强生车队靠近××路,南至××东路,北至××路。

本项目建设用地面积约为 30 436.00 m^2。

本项目总建筑面积约为 71 564.11 m²,其中:

地上住宅总建筑面积约为 65 911.49 m²,地上其他建筑面积约为 1 985.46 m²。

地下总建筑面积约为 3 667.16 m²,主要用途:车库。

本项目绿化面积约 10 250.00 m²。

本项目机动车停车位 329 个,其中地上公共停车位 240 个,地下车库停车位 89 个。

小区共设置三个人车共行出入口,其中两个出入口,门岗值勤时间为 24 小时;另一个出入口,门岗值勤时间为上午 6 点至 9 点、下午 4 点至晚上 10 点,双休日及节假日上午 6 点至晚上 10 点开放。

4. 合同期限

招标方与中标单位签署的物业服务合同的期限为 3 年。

5. 招标对象

在上海依法工商注册登记、具有独立法人资格、二至三级(含)物业管理资质,具有 ISO 9001—2000 质量管理体系认证,是物业行业协会诚信承诺企业;具备一支工程技术专业维修队伍,拥有一定的物业管理规模的物业服务企业均可以参加报名。具有"市优""区优"项目的物业服务企业优先考虑。

6. 报名提交资料

符合以上条件并欲参加投标的物业服务企业,务请准备资格预审材料并接受资格预审。资格预审材料包括:公司营业执照、物业服务企业资质证书、企业简介、管理业绩(主要提供投标单位获得的所有上海市物业管理优秀小区和建设部物业管理示范小区项目的名称、地址、联系人以及获奖证书复印件)、《资格预审申请书》和《现场考评物业管理项目推荐表》(《资格预审申请书》和《现场考评物业管理项目推荐表》需使用统一格式,请至中国物业管理市场网 http://www.chinawy.cn 网站"资料下载"栏内下载)。《资格预审申请书》需加盖法人代表章及公章。

7. 入围办法及中标人确定方法

当参加投标报名的企业超过 5 家时,由小区业主通过投票的方式,投票决定得票数前 3~5 名的投标报名企业入围参加竞标。

本次招标,中标候选人结果出来以后将按照建设部(建住房〔2003〕130 号)文件的规定依序确定最终中标人。如果确定中标的中标候选人放弃中标或者因不可抗力提出不能履行合同时,才可依序确定其他中标候选人为中标人。

8. 投标资料预审、购买招标文件的时间与地点(此为暂定时间,实际以电话通知为准)

招标人定于 2011 年 2 月向通过资格预审并入围的报名单位发出通知书,未通过或未入围的报名企业,招标方将另行告知结果。凡收到通知书的投标单位请按通知书指定的时间、地点购买招标文件。

9. 物业服务收费标准及服务要求

本项目物业服务收费标准:高层、多层住宅建筑面积每平方米每月的物业服务收费报价不得高于 1.33 元(高层、多层住宅均配置电梯)。物业服务要求:按照《上海市住宅物业服务分等收费标准》相对应的服务标准,同时还包括小区的部分特殊要求(具体内容见资格预审合格通知)。

10. 报名程序

有意向参与投标的物业服务企业请于 2011 年 1 月 27 日 10:00—11:00 时前往上海市××路 9 号××宾馆底层参加报名。报名时请向招标方(招标代理方)递交上述全部"物业管理投标资格预审材料"一套,请在包装上注明报名企业名称。

招标代理方联系人及联系方式:× ×

招标方:× ×业主大会

招标代理方:× × ×物业管理招投标代理有限公司

思考练习

(1)物业管理招投标的概念是什么?
(2)物业管理招标的方式有几种?
(3)物业管理招标的一般程序是什么?

项目二 早期介入

任务情景 3.2

某房地产开发公司所开发的项目情况如下。本项目总用地面积 152 260 m²。本项目总建筑面积 182 800 m²。其中:住宅总建筑面积 164 531 m²(已包含住宅地下室 24 366.90 m²),非住宅总建筑面积 18 269 m²。地下车库建筑面积 12 960 m²。本项目的建筑密度为 28.5%,综合容积率 1.2,绿化率 35%,绿化面积 53 291 m²,集中绿化率 10%,集中绿化面积 15 500 m²。本项目规划建设机动车停车位 1 090 个,其中商业停车位 55 个,地下停车位 1 035 个;产权性质:开发商向业主出售产权。按照规划设计建造了非机动车停车位。

该项目即将进入建筑设计阶段。该公司领导就是否聘请专业的物业服务公司早期介入举棋不定,请你就该问题向领导提供参考意见。

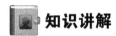 **知识讲解**

一、早期介入的概念

早期介入指物业服务企业在接管物业之前,就参与物业的规划设计和建设的过程,从业主与非业主使用人及物业管理的角度,就物业开发、建设和今后使用管理提出建议,并对将接管的物业从物质上和组织上作好准备。

简言之,前期介入是指新建物业竣工之前,建设单位根据项目开发建设的需要,引入物业服务企业,做好准备。

二、早期介入的必要性

1. 解决物业项目开发建设中存在的问题

物业建设和销售过程中,建设项目由于多种原因往往会存在一些问题,主要表现在以下几方面。

①物业规划设计和施工安装存在问题,如设备配置不当、停车位不足、物业工程质量有缺陷等。

②建设单位不按规定提供物业管理的基础条件,如没有物业管理用房、物业档案资料缺漏等。

③工程质量保修和工程遗留问题处理不及时。

④建设单位从自身利益考虑,将部分开发建设的责任和义务转嫁给物业服务企业承担。

⑤建设单位在售房时向业主作出不合理的物业管理承诺,使物业服务企业承担不合理的责任等。

2. 解除物业销售中存在的问题

在物业开发建设工作的早期,物业服务企业通过早期介入活动,将长期积累的物业管理知识与经验应用于规划设计,并且在建设施工、销售阶段同步跟进配合,协助开发建设单位及时发现和处理建设、销售过程中存在的问题,不仅能从源头上堵住漏洞,避免或减少上述问题的发生,减少房地产开发建设的纠纷,使房地产开发建设得以顺利进行,而且可以在物业开发建设初期把不利于物业管理、损害业主利益的因素尽可能消除或减少,使物业在投入使用后,物业管理便利开展,业主利益得以保障。

三、早期介入的作用

1. 优化设计

随着社会经济的发展,人们对物业的品位和环境要求越来越高,这使得建设单位在物业开发过程中除了要执行国家的有关技术标准外,还应考虑到物业的功能、布局、造型、环境以及物业使用者的便利、安全、舒适等因素。物业服务企业可以从业主及日后管理的角度,就房屋设计和功能配置、设备选型和材料选用、公共设施配套等方面提出建议,使物业的设计更加优化、完善。

2. 有助于提高工程质量

在物业建设过程中,物业服务企业要利用自身优势帮助建设单位加强工程质量管理,及时发现设计、施工过程中的缺陷,提前防范质量隐患,使工程质量问题在施工过程中得到解决。避免在日后使用中再投入额外的资金和精力,从而减少浪费、提升物业品质。

3. 有利于了解物业

对物业及配套设施、设备的运行管理和维修养护,是物业管理的主要工作之一。要做好这方面的工作,必须对物业的建筑结构、管线走向、设备安装等情况了如指掌。物业服务企业可以通过早期介入,充分了解所管物业的情况,从而在日后的管理中做到心中有数。

4. 为前期物业管理作好充分准备

物业服务企业可利用早期介入的机会,逐步开展制订物业管理方案和各项规章制度、进行机构设计、招聘人员、实施上岗培训等前期物业管理的准备工作,方便物业移交后物业管理各项工作的顺利开展。同时,通过在早期介入过程中与各方的磨合,理顺与环卫、水电、通信、治安、绿化等部门的关系,为日后管理建立畅通的沟通渠道。

5. 有助于提高建设单位的开发效益

早期介入是物业服务企业从物业开发项目的可行性研究开始到项目竣工验收的全程介入,建设单位可以得到物业服务企业的专业支持,开发出市场定位准确、功能使用考虑周全、业主满意的物业,促进物业的销售。同时,建设单位还可以通过引入高水平的物业服务咨询来提升自身的品牌。

四、早期介入的内容

1. 项目可行性研究阶段

(1)介入形式

向物业建设单位及其聘请的专业机构提供专业咨询意见(选址、投资额、目标市场、市场定位等),同时,对未来的物业管理进行总体规划。

(2)主要工作内容

①根据物业建设成本及目标客户群的定位确定物业管理模式。

②根据规划和配套确定物业管理与服务的基本内容。

③根据目标客户情况确定物业管理与服务的总体服务质量标准。

④根据物业管理成本初步确定物业管理费的收费标准。

⑤设计与客户目标相一致并具合理性价比的物业管理框架性方案。

2. 规划阶段

（1）介入形式

物业服务企业参与各项规划设计的讨论会，并从使用、维护、管理、经营以及未来功能的调整和保值、增值等角度，对设计方案提出意见或建议，从而更好地满足购房者的需求，降低开发风险。减少后续的更改和调整，为建设单位节约资金。

（2）主要工作内容

①就物业的结构布局、使用功能提出改进建议。

②就物业环境设计，配套设施的合理性、适应性及细节提出意见及建议。

③提供设备、设施的设置、选型及服务方面的改进意见。

④就物业管理用房等公共配套建筑、场地的设置、要求等提出意见。

3. 建设阶段

（1）介入形式

物业服务企业主要派出工程技术人员进驻现场，对建设中的物业进行观察、了解、记录，并就有关问题提出意见和建议。

（2）主要工作内容

①就施工中发现的问题与建设单位和施工单位共同磋商，及时提出并落实整改方案。

②配合设备安装工作，在现场进行监督，确保安全和质量。

③对室内外装修方式、布局、用料及工艺等问题从物业管理的角度提出意见。

④熟悉并记录基础及隐蔽工程、管线铺设走向等。

4. 竣工验收阶段

（1）介入形式

物业服务企业作为物业的管理者，从确保物业正常使用的角度，参与对已竣工物业的验收，严把质量关。房地产开发企业和施工单位也要为物业服务企业参与竣工验收提供方便与支持。

（2）主要工作内容

①参与隐蔽工程验收，做好记录，对问题工程提出整改建议。

②参与单项工程验收，做好记录，对问题工程提出整改建议。

③参与分期验收，做好记录，对问题工程提出整改建议。

④参与全部工程验收，做好记录，对问题工程提出整改建议。

5. 销售阶段

（1）介入形式

物业服务企业以"售后服务者"的身份，积极参与开发商的售楼活动。现今售后服务已成为人们选房的重要砝码，物业服务企业提前亮明身份，向业主、准业主展示自身的服务优势,等于给他们吃了定心丸,既有利于房产促销,也利于日后双方的和谐共处。在销售工作中物业管理的介入,既是前期物业建设和物业管理理念的延伸,也正式确定了以后物业管理的主要内容和要求,起到了承前启后的作用。

（2）主要工作内容

①完成物业管理方案及实施进度表。

②拟定各项费用的收费标准及收费办法,必要时履行各种报批手续。

③拟订物业管理的公共管理制度。

④对销售人员提供必要的物业管理基本知识培训。

⑤派出现场咨询人员,在售楼现场为客户提供物业管理咨询服务。

⑥将全部早期介入所形成的记录、方案、图纸等资料,整理后归入物业管理档案。

五、前期物业管理

1. 前期物业管理的含义

前期物业管理是指从物业承接查验开始至业主大会选聘物业服务企业为止的物业管理阶段。前期物业管理与服务既包含物业正常使用期所需的常规服务内容,又包括物业共用部位、共用设施承接查验,业主入住,装修管理等特殊内容。

2. 前期物业管理的工作内容

在前期物业管理期间,物业服务企业从事的活动和提供的服务,既包含物业正常使用期所需要的常规服务内容,又包括物业共用部位、共用设施设备承接查验,业主入住,装修管理,工程质量保修处理,物业管理项目机构的前期运作、前期沟通等前期物业管理的特殊内容。本节只就前期物业管理的部分特殊内容作简明介绍,其他服务内容另有阐述。

（1）物业管理项目前期运作

①管理资源的完善与优化。在物业管理实践中,往往在业主入住之前已经形成了物业项目管理机构,配备了相应的物业服务企业人员,设置了办公场所和进行了物资配备。但上述工作一般带有临时性和不确定性,因此,在前期物业管理的过程中,需要不断进行调整,具体内容包括。

A. 管理用房到位。建设单位按规定将管理用房移交给物业项目管理机构。物业服务企业对管理用房进行合理划分和必要装修,成为项目管理机构固定的管理用房。

B. 物资配备到位。一个新的物业管理项目运作需要配备的物资较多,在项目开始运作的时候,一般只配备了其中的一部分。在前期的物业管理过程中,应根据实际需要逐步配备到位。

C. 物业管理人员到位。物业管理的人员到位主要包括补充人员;对各岗位人员进行强化培训,提高物业管理水平和操作技能;对组织机构进行优化调整,形成完善的管理组织机构;加强内部管理和磨合,形成一个良好的管理团队。

②管理制度和服务规范的完善。在前期物业管理过程中,物业项目管理机构应根据实际管理情况对已制订的管理制度和服务规范进行调整、补充和完善。

③确定物业管理单项服务的分包。对物业管理项目进行管理时,物业服务企业可以根据企业的自身情况和需要来确定是否将部分单项服务分包给社会专业服务公司。对分包的服务项目,要进行市场调查、筛选,确定符合自己要求的分包单位。

（2）工程质量保修

在物业竣工验收后,工程进入了质量保修期。物业服务企业的工程质量保修工作,主要是向建设单位申报对物业共用区域及共用设施设备的质量保修问题,跟踪并督促完成。业主产权专有部由业主自行向建设单位提出处理要求。在实际操作中,业主出可向物业服务企业反映,物业服务企业应及时转告建设单位进行处理。

（3）前期沟通协调

物业管理是一个综合性较强的行业,物业管理活动涉及的单位、部门也较多。其中,直接涉及的单位和部门有:政府行政主管部门、社区居民委员会、开发建设单位、物业服务企业、业主、业主大会以及业主委员会等;相关的单位和部门有:城市供水、供电、供气、供暖、通信等公共事业单位,市政、环卫、交通、治安、消防、工商、税务、物价等行政管理部门。物业服务企业应分析各相关部门和单位的作用及其与物业管理项目之间的相互关系,确定与各方面沟通协调的内容,建立沟通协调的渠道。通过沟通协调,建立起良好的合作支持关系,这不仅有利于前期物业管理工作的开展,也为后期的正常管理打下了良好的基础。

任务指导 3.2　完成任务情景 3.2 中的工作任务。

（1）可分小组进行辩论,在辩论中阐明自己的理由。

（2）可在模拟物业管理中心进行。

技能实训 3.2

参观某在建小区,从物业管理的角度对该项目的建设提出合理化建议。可分小组进行讨论,从规划设计和施工这两个角度提出合理化建议。

思考练习

（1）什么是物业管理的前期介入?

（2）物业管理是否有必要在物业交付使用前就介入,为什么?

项目三　承接查验

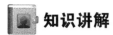
任务情景3.3

汇景园项目马上进入承接查验了,王经理负责该项工作。现在他将召开一个承接查验的准备会,请思考以下问题:

★有哪些人员需参加这个准备会?

★王经理在准备会前应做好哪些方面的工作安排?

知识讲解

一、承接查验的含义

物业的承接查验是指物业服务企业对新接管项目的物业共用部位、共用设施设备进行承接查验。它分为新建物业的承接查验和物业管理机构更迭时承接查验两种类型,前者发生在建设单位向物业服务企业移交物业的过程中,后者发生在业主大会或产权单位向新的物业服务企业移交物业的过程中。物业的承接查验是物业服务企业承接物业前必不可少的环节,其工作质量对以后的物业管理与服务至关重要。

二、新建物业承接查验

在物业竣工验收合格后,物业服务企业入住之前,对物业进行承接查验。物业服务企业对物业进行查验之后,将发现的问题提交建设单位处理,然后同建设单位进行物业移交并办理移交手续。

1. 实施承接查验的物业应具备的条件

①建设工程竣工验收合格,取得规划、消防、环保等主管部门出具的认可或者准许使用文件,并经建设行政主管部门备案。

②供水、排水、供电、供气、供热、通信、公共照明、有线电视等市政公用设施设备按规划设计要求建成,供水、供电、供气、供热已安装独立计量表具。

③教育、邮政、医疗卫生、文化体育、环卫、社区服务等公共服务设施已按规划设计要求建成。

④道路、绿地和物业服务用房等公共配套设施按规划设计要求建成,并满足使用功能要求。

⑤电梯、二次供水、高压供电、消防设施、压力容器、电子监控系统等共用设施、设备取得使用合格证书。

⑥物业使用、维护和管理的相关技术资料完整齐全。

⑦法律、法规规定的其他条件。

2.物业承接查验的程序

①确定物业承接查验方案。

②移交有关图纸资料。

③查验共用部位、共用设施、设备。

④解决查验发现的问题。

⑤确认现场查验结果。

⑥签订物业承接查验协议。

⑦办理物业交接手续。

3.物业查验的主要内容

（1）物业资料

在办理物业承接验收手续时,物业服务企业应接收查验下列资料。

①竣工总平面图,单体建筑、结构、设备竣工图,配套设施、地下管网工程竣工图等竣工验收资料。

②设施设备的安装、使用和维护等技术资料。

③供水、供电、供气、供热、通信、有线电视等准许使用文件。

④物业质量保修文件和物业使用说明文件。

⑤承接查验所必需的其他资料。

（2）共用部位

一般包括建筑物的基础、承重墙体、柱、梁、楼板、屋顶以及外墙、门厅、楼梯间、走廊、楼道、扶手、护栏、电梯井道、架空层及设备间等。

（3）共用设备

一般包括电梯、水泵、水箱、避雷设施、消防设备、楼道灯、电视天线、发电机、变配电设备、给排水管线、电线、供暖及空调设备等。

（4）共用设施

一般包括道路、绿地、人造景观、围墙、大门、信报箱、宣传栏、路灯、排水沟、渠、池、污水井、化粪池、垃圾容器、污水处理设施、机动车（非机动车）停车设施、休闲娱乐设施、消防设施、安防监控设施、人防设施、垃圾转运设施以及物业服务用房等。

4.物业查验的方式

物业管理的承接查验主要以核对的方式进行,在现场检查、设备调试等情况下还可采用观感查验、使用查验、检测查验和试验查验等具体方法进行检查。

5.承接查验所发现问题的处理

对于承接查验中所发现的问题,一般的处理程序如下。

（1）收集整理存在的问题

①收集所有的《物业查验记录表》。

②对《物业查验记录表》内容进行分类整理，将承接查验所发现问题登记造册。

③将整理好的工程质量问题提交给建设单位确认，并办理确认手续。

（2）处理方法

工程质量问题整理出来后，由建设单位提出处理办法。在实际工作过程中，物业服务企业在提出质量问题的同时，还可以提出相应的整改意见，便于建设单位进行针对性整改。

（3）跟踪验证

物业服务企业应安排专业技术人员分别负责不同专业的工程质量问题，在整改实施的过程中进行现场跟踪。对整改完工的项目进行验收，办理查验手续；对整改不合要求的工程项目则应继续督促建设单位处理。

三、物业管理机构更迭时的承接查验

物业管理机构更迭时的承接查验不同于新建物业的承接查验，二者进行承接查验的内容和重点有一定区别。更迭时物业查验的内容如下。

①物业资料情况。除了如上所述的承接查验新建物业的相关资料外，还要对原管理机构在管理过程中所产生的重要质量记录进行检查。

②物业共用部位，共用设施、设备清单及管理现状。

③各项费用与收支情况，项目机构经济运行情况。包括物业服务费、停车费、水电费、其他有偿服务费的收取和支出，维修资金的收取、使用和结存，各类押金、欠收款项、待付费用等账务情况。

④其他内容。

a.物业管理用房。

b.产权属全体业主所有的设备、工具、材料等。

c.与供水、供电、通信等市政管理单位的供水、供电、通信的合同和协议等。

四、竣工验收的含义

工程项目竣工后，由建筑商向开发建设单位办理交付手续。在办理交付手续时，需经开发建设单位或专门组织的验收委员会对竣工项目进行查验，在认为工程合格后办理交付手续。建筑商把物业交给开发建设单位这一交接过程称为"竣工验收"。

🎯 **任务指导** 3.3　　根据任务情景材料召开承接查验准备会，分小组完成任务。

步骤：第1步，分小组进行角色扮演；

第2步，拟定准备会上王经理的讲话稿，以及参会者的发言与提问。

技能实训 3.3

阅读住建部颁发的《房屋接管验收标准》，就老师选定的项目进行模拟承接查验。

 思考练习

(1)什么是物业承接查验?

(2)承接查验与竣工验收有何区别?

(3)物业服务企业在承接查验中要注意哪些事项?

项目四　业主入住

 任务情景 3.4

汇景园项目马上进入交房流程了,项目经理小吴要负责业主入住手续办理的组织和实施工作,请思考,他应该如何完成业主入住手续办理工作?

知识讲解

一、入住服务的含义

"入住"是指建设单位将已具备使用条件的物业交付给业主并办理相关手续,同时物业管理单位为业主办理物业管理事务手续的过程。对业主而言,入住的内容包括两个方面:一是物业验收及其相关手续的办理;二是物业管理有关业务的办理。

二、入住操作模式

在房地产开发和物业管理实践中,物业入住的操作模式有多种,主要有以下两种模式。

第一种是以建设单位为主体,由物业管理单位相配合的作业模式。此模式的核心内容是,建设单位具体负责向业主移交物业并办理相关手续,如,业主先到建设单位确认完善相关购房手续、业主身份,验收物业,提交办理房产证的资料,开具物业购买正式发票,逐项验收其名下物业的各个部分,领取钥匙等。在此基础上,物业管理单位再继续办理物业管理相关手续,如,领取物业管理资料、缴纳相关费用等。

第二种是建设单位将入住工作委托给物业管理单位,由物业管理单位代为办理入住手续。这种情况多出现于物业管理早期介入较深,物业建设单位楼盘较多、人力资源不足,或物业建设单位与物业管理单位为上下级单位,以及其他建设单位和物业管理单位协商认为必要时。

三、入住准备工作

入住服务是物业管理单位首次直接面对业主提供相关服务,直接关系到业主对物业管理与服务的第一印象。因此,物业管理单位要从各方面作好充分细致的准备,全面、有效地保障对业主的服务。

1. 资料准备

(1)《住宅质量保证书》及《住宅使用说明书》

此两书由开发公司准备,物业服务公司应跟踪开发公司的准备情况。

(2)《入住通知书》

它是建设单位向业主发出的办理入住手续的书面通知。一般而言,包括以下内容。

①物业具体位置。

②物业竣工验收合格以及物业服务企业接管验收合格的情况介绍。

③准予入住的说明。

④入住具体时间和办理入住手续的地点。

⑤委托他人办理入住手续的规定。

⑥业主入住时需要准备的相关文件和资料。

⑦其他需要说明的事项。

(3)《物业收楼须知》

包括的内容为:欢迎词、业主入住需准备和携带的资料、入住办理流程、装修办理流程、业主入住时需交纳的费用、业主在验房和装修时的一些小常识和装修常规等。内容既要清楚、明了、详细,又要避免长篇累牍。《物业收楼须知》应随《入住通知书》一并发给业主。

(4)《业主入住房屋验收表》

它是记录业主对房屋验收情况的文本,通常以表格的形式出现。一般而言,《验收表》的主要内容包括。

①物业名称、楼号。

②业主、验收人、建设单位代表姓名。

③验收情况简要描述。

④物业分项验收情况记录以及水、电、煤气等计量设施的起始读数。

⑤建设单位和业主的签字确认。

⑥物业验收存在的问题,有关维修处理的约定等。

⑦验收时间。

⑧其他需要约定或注明的事项。

(5)《业主(住户)手册》

这是由物业管理单位编撰,向业主、物业使用人介绍物业基本情况和物业管理与服务相关项目内容的服务指南性质的文件。一般而言,《业主(住户)手册》主要包括以下内容。

①欢迎词。

②小区概况。

③物业服务公司以及项目管理处的情况介绍。

④《临时管理规约》。

⑤小区内相关公共管理制度。

⑥物业装饰装修管理指南、物业服务流程等。

⑦公共及娱乐设施介绍。

⑧服务指南及服务投诉电话。

⑨其他需要说明的情况以及相关注意事项。

(6)物业管理有关约定

业主在办理入住手续时,物业管理单位要与业主签订有关物业管理与服务约定,进一步明晰双方的权利和义务,在协议中应明确如下内容。

①物业管理费收费面积、收费标准及金额。

②物业管理费计费时段和缴交时间。

③物业管理费收缴方式。

④滞纳金及计收比例。

⑤调整管理费的条件或其他情况。

2.其他准备工作

(1)入住工作计划

建设单位和物业管理单位应在入住前一个月制订入住工作计划,由项目管理负责人审查批准,并报经上级主管部门核准。计划中应明确如下内容。

①入住时间、地点。

②负责入住工作的人员及职责分工。

③入住过程中使用的文件和表格。

④入住手续办理程序。

⑤注意事项及其他情况。

(2)入住仪式策划

为提高小区整体形象,有效加强与业主、物业使用人的沟通,通常由物业管理单位根据物业管理的特点及小区实际情况,组织举行入住仪式。参加人员有业主、物业管理单位代表、建设单位代表以及其他有关人员等。

（3）环境准备

在完成对物业的竣工验收和接管验收之后，物业管理单位要对物业共用部位进行全面、彻底的清洁，为业主、物业使用人入住作好准备。同时，要布置好环境，保持道路通畅。如有二期工程施工或临时施工情况，应进行必要的隔离，防止安全事故的发生。

（4）其他准备事项

①准备及布置办理入住手续的场地，如，布置彩旗、标语，设立业主休息等待区等。

②准备及布置办理相关业务的场地，如电信、邮政、有线电视、银行等相关业务开展场地的安排。

③准备资料及预先填写有关表格，以方便业主，缩短工作流程，如，预先填上业主的姓名、房号和基本资料等。

④准备办公用具，如复印机、电脑和文具等。

⑤制作标志牌、导视牌、流程图，如，交通导向标志、入住流程示意图、有关文件明示等。

⑥针对入住过程中可能发生的紧急情况，如交通堵塞、矛盾纠纷等，制订必要的紧急预案。

四、入住服务的管理

1. 入住手续的办理

（1）入住流程

①要求业主持购房合同、入住通知书进行业主登记确认。

②房屋验收，填写《业主入住房屋验收表》，经建设单位和业主核对无误后签字盖章确认。

③产权代办手续。业主提供办理产权的相关资料、缴纳办理产权证所需费用，一般由建设单位承办。

④建设单位开具证明，业主持此证明到物业管理单位继续办理物业入住手续。

⑤业主和物业管理单位签署物业管理的相关文件，如物业管理收费协议、前期物业管理协议、车位管理协议、装修管理协议等。

⑥缴纳入住当月物业管理费及其他相关费用。

⑦向业主发放《住宅质量保证书》《住宅使用说明书》《业主手册》等应提供给业主的相关文件资料。

⑧领取物业钥匙。

⑨业主签订《收楼确认书》。

（2）费用缴纳

建设单位或物业管理单位根据收费标准向业主、住户收取当期物业服务费及其他相关费用,并开具相应票据给业主、住户。

（3）验房及发放钥匙

①建设单位或物业管理单位陪同业主一起验收其名下的物业,登记水、电、气起始数,根据房屋验收情况、购房合同双方在《业主入住房屋验收表》上签字确认。

②物业管理单位向业主发放钥匙并记录。

③对于验收不合格的部分,物业管理单位应协助业主敦促建设单位进行不合格工程整改、质量返修等工作。若发现重大质量问题,可暂不发放钥匙。

（4）资料归楼

在业主物业验收以及其他手续办理完结之后,物业管理单位应及时将已办理入住手续的房间号码和业主姓名通知门卫,并及时将各项业主、住户资料归档,妥善保管,不得将信息泄露给无关人员。

2. 入住期间需要注意的问题

①业主入住应实行一站式柜台服务,方便业主办理相关入住手续。在入住办理期间,物业建设单位、物业管理单位和相关部门应集中办公,形成一条龙的流水作业,一次性解决入住初期的所有问题,如,办理入住手续,开通电话、有线电视等。

②业主因故未能按时办理入住手续时,可按照《入住通知书》中规定的办法另行办理。

③应合理安排业主入住服务的办理时间,适当延长办理时间。为方便业主入住,应根据业主的不同情况实行弹性工作方式,如在正常工作时间之外,应另行安排入住手续的办理;延长工作时间,如,中午或晚上延时办公。

④在办理入住手续的工作现场应张贴入住公告及业主入住流程图,在显要位置张贴或摆放各类业主入住的标牌标志、作业流程、欢迎标语、公告提示等,方便业主取阅,减轻咨询工作压力。对于重要的法律、法规和其他文件等,可以开辟公告栏公示。

⑤指定专人负责业主办理入住手续时的各类咨询和引导,以便入住工作有秩序地顺利进行。入住现场应设迎宾、引导、办事、财务、咨询、保安、保洁等各类人员,以方便业主的不同需要,保障现场秩序,解决各类问题。

⑥注意安全保卫以及车辆引导工作。入住期间不仅有室内手续办理,还有现场验房等程序,而有些楼盘的现场施工尚未完结,现场人员混杂,故应注意业主人身、财产安全和引导现场车辆有序摆放。

3. 接待服务规范

（1）礼仪规范

①服务人员的仪表仪容注意事项如下。

● 头发清洁,梳理整齐,不留奇型发式,男士胡须干净。

● 双手整洁,指甲内不留污物,不留长指甲。

- 工作服整洁,领带、领花佩戴端正,扣齐纽扣。
- 佩带工号卡,不得佩戴规定外的饰品,女士可化淡妆。
- 工作时要做到"三轻一快":走路轻、说话轻、操作轻、动作快。
- 姿态端正,不得叉腰抱胸、弯腰驼背或将手插在口袋里。
- 工作时间不聊天,不交头接耳,不说粗话。
- 工作中发生矛盾应内部解决,不得在客户面前争吵。
- 在客户面前不挖耳、不剔牙、不抓头发、不抠鼻子、不吃零食、不吸烟、不打哈欠。

②服务人员的服务规范用语如下。

- 问候语:您好,早,早上好,早安,午安,下午好,晚上好,路上辛苦了,您回来了。
- 欢迎语:欢迎光临,欢迎您入住。
- 祝贺语:恭喜,祝您圣诞快乐、新年快乐、新春快乐,恭喜发财。
- 告别语:再见,晚安,明天见,一路平安,欢迎您下次再来。
- 道歉语:对不起,请原谅,打扰您了,失礼了。
- 道谢语:谢谢,非常感谢。
- 应答语:是的,好的,我明白了,谢谢您的好意,不客气,没关系,这是我应该做的。
- 征询语:请问您有什么事? 我能为您做什么吗? 需要我帮忙吗? 您还有别的事吗?
- 请求语:请您协助我们,请登记,请您按指定位置停车,请您锁好门,请您……好吗?
- 商量语:……您看如何? ……您看这样好不好?
- 解释语:很抱歉……,这种情况……,公司的规定是这样的……。
- 基本礼貌用语 10 个字:您好,请,谢谢,对不起,再见。

(2)接待服务注意事项

①服务接待时的注意事项如下。

- 当客户对面走过时应点头致意。
- 向客户提供服务时应面带笑容。
- 客户讲话时应注意听,保持站立姿势,腰要挺直,目视客户。
- 暂停手中工作,保持微笑,耐心听客户讲话。
- 在客户未讲完话时,不要插嘴。
- 听完客户讲话后,如未明白客户的问题,不要乱作答复,应主动再询问客户一遍。
- 避免在客户面前与同事使用客户听不懂的语言交谈。
- 用清楚简明的语句回答客户。

- 不准在客户面前做鬼脸、怪动作、挤眉弄眼或议论客户。

②与客户讲话时的注意事项如下。

- 与客户讲话时应始终面带自然微笑。
- 语速不可太快,使对方能听清楚。
- 注意音量,不要把唾沫喷到客户脸上。
- 禁用不雅之语。

③提供服务时的注意事项如下。

- 对客户不可表现出过分亲热。
- 不可太死板,面无笑容。
- 如遇到客户不礼貌的言行时,勿与客户争吵,应婉言解释或及时向领导汇报。
- 提供服务遇到问题不能对客户说"不",应婉转地对客户说"对不起,请您留下联系方式,我会给您一个回复"。
- 答应客户的就要去做,及时给客户回复。

任务指导 3.4   完成任务情景 3.4 中的工作任务。

目的:熟练掌握业主入住前的准备工作和业主入住时的接待工作。

步骤:第 1 步:选举产生项目经理;

第 2 步:项目经理选出各部门负责人;

第 3 步:其他学生则为各部门工作人员和业主;

第 4 步:设计业主入住手续办理方案;

第 5 步:分配角色,准备道具;

第 6 步:现场模拟;

第 7 步:老师点评、总结。

技能实训 3.4

根据老师给定的项目情况,布置交房现场,并完成给定的情景任务。

 思考练习

(1)什么是入住?

(2)入住手续办理程序是怎样的?

项目五 装修管理与服务

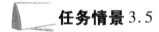

任务情景 3.5

装饰装修流程示意图一般悬挂于物业管理单位或业主入住办理现场,请你拟定一个装饰装修流程图。

知识讲解

一、物业装饰装修管理的概念

物业装饰装修管理是指通过对物业装饰装修过程的管理、服务和控制,规范业主、物业使用人的装饰装修行为,协助政府行政主管部门对装饰装修过程中的违规行为进行处理和纠正,从而确保物业的正常运行使用,维护全体业主的合法权益。

物业装饰装修管理包括装饰装修申报、登记审核、入场手续办理、装饰装修过程监督以及验收环节,内容上包括装饰装修流程设计、管理细则规定、过程控制和责任界定等方面。物业管理单位实施装饰装修管理的依据是建设部《住宅室内装修管理办法》以及国家和地方的其他规定。

二、物业装饰装修管理流程

物业装饰装修流程既是物业管理单位的内部操作作业指导书,也是方便业主了解装饰装修管理流程的公示性标志。因此,要求物业装饰装修流程的书面形式应文字简明、内容清晰、图表明确、一目了然。

1. 备齐资料

资料由业主(或物业使用人)和施工队分别准备和提供。一般包括物业所有权证明,申请人身份证原件及复印件,装饰装修设计方案,装修施工单位资质,原有建筑、水、电、气管道等改动设计和相关审批手续,以及其他法律、法规规定的相关内容。物业使用人对物业进行装饰装修时,还应当取得业主的书面同意。

2. 物业装饰装修申报

住户在入住过程中,应已收到物业管理单位发出的装修手册及装饰装修申报登记表。只有在物业管理单位对装饰装修内容的登记备案完成后,住户才能动工装修。

3. 物业装饰装修登记

物业管理单位在进行装饰装修登记时,可用书面形式将装饰装修工程的禁止行为和注意事项告知装修人和装修人委托的装饰装修企业,并且督促装修人在装饰装修开工前主动告知邻里。

物业管理单位应该在规定工作日(一般为3个工作日)内完成登记工作;超出物业项目管理单位管理范围的,应报主管部门核准。

物业管理单位应详细核查装饰装修申请登记表中的装修内容,有下列行为之一的不予登记。

①未经原设计单位或者具有相应资质等级的设计单位同意并提出设计方案,擅自变动建筑主体和承重结构的。

②将没有防水要求的房间或者阳台改为卫生间、厨房间的。

③扩大承重墙上原有的门窗尺寸,拆除连接阳台的砖、混凝土墙体的。

④损坏房屋原有节能设施,降低节能效果的。

⑤未经城市规划行政主管部门批准搭建建筑物、构筑物的。

⑥未经城市规划行政主管部门批准改变住宅外立面,在非承重外墙上开门窗的。

⑦未经供暖管理单位批准拆改供暖管道和设施的。

⑧未经燃气管理单位批准拆改燃气管道和设施的。

⑨其他影响建筑结构和使用安全的行为。

4. 签订《物业装饰装修管理服务协议》

在物业装饰装修前,物业管理单位和装修人应签订《物业装饰装修管理服务协议》,约定物业装饰装修管理的相关事项,应当包括下列内容。

①装饰装修工程的实施内容。

②装饰装修工程的实施期限。

③允许施工的时间。

④废弃物的清运与处置。

⑤外立面设施及防盗窗的安装要求。

⑥禁止行为和注意事项。

⑦管理服务费用。

⑧违约责任。

⑨其他需要约定的事项。

5. 办理开工的一般手续

①业主按有关规定向物业管理单位缴纳装饰装修管理服务费。

②装饰装修施工单位应到物业管理单位办理开工证、出入证等。

③装修人或装饰装修施工单位应备齐灭火器等消防器材。

6. 施工

物业装饰装修施工期间,装修人和装饰装修施工单位应严格按照装修申报登记的内容组织施工。

物业管理单位应按照装饰装修服务协议做好管理和服务工作,加强现场检查,发现装修人和装饰装修施工单位有违反有关规定的行为,应当及时劝阻和制止;已造成事实后果或拒不改正的,应及时报告有关部门依法处理。对装修人或者装饰装修单位违反《物业装饰装修管理服务协议》的,应追究违约责任。

7. 验收

物业装饰装修结束后,物业管理单位应当按照装饰装修管理服务协议进行现场检查,对照装饰装修申报方案和实际结果进行比较验收,验收合格后签署书面意见。对因违反法律、法规和装饰装修管理服务协议而验收不合格的,应提出书面整改意见要求装修人和施工方限期整改。若发生歧义、无法统一意见或装修人拒不接受情况的,应报请城市管理有关行政部门处理,并将检查记录存档。

三、物业装饰装修管理内容

物业装饰装修管理是一个系统工程,包括以下内容。

1. 物业装饰装修范围和时间管理

物业装饰装修的区域应按照相关的装饰装修规定和业主权益予以限定,原则上应统一要求、统一形式。

装饰装修时间应根据各地不同的作息时间、季节变换以及习惯、习俗等综合确定。装饰装修时间包括一般装修装饰时间、特殊装修时间和装饰装修期。一般装修时间是指除节假日之外的正常时间,特殊装修时间是指节假日休息时间,装修期是指装饰装修过程的完结时间。

2. 物业装饰装修管理的重点检查项目

为确保业主安全和全体业主的合法权益,物业装饰装修管理应重点检查如下项目。

①有无变动建筑主体和承重结构。

②有无将没有防水要求的房间或阳台改为卫生间、厨房间。

③有无扩大承重墙上原有的门窗尺寸,拆除连接阳台的砖、混凝土墙体。

④有无损坏房屋原有节能设施,降低节能效果。

⑤有无其他影响建筑结构和使用安全的行为。

⑥有无未经有关单位批准的下列行为:

a. 搭建建筑物、构筑物。

b. 改变住宅外立面,在非承重墙上开门、窗。

c. 拆改供暖管道和设施。

d. 拆改燃气管道和设施。

e. 超过设计标准或者规范增加楼面荷载的。

f. 改动卫生间、厨房间防水层的。

⑦还应注意检查以下方面:

a.施工现场有无采取必要的安全防护和消防措施,有无擅自动用明火和进行焊接作业等。

b.有无任意刨凿、穿凿梁柱等。

c.地面铺设材料是否超过 10 mm、新砌隔墙是否采用轻质材料等。

d.是否符合物业装修公共及室外统一要求。

3.物业装饰装修管理费用和垃圾清运的管理

一般而言,在《物业装饰装修管理协议》中物业管理单位应与装修人约定物业装饰装修相关事项和管理收费标准,并以此为依据规范各自行为。

4.物业装饰装修现场管理

物业装饰装修现场管理应达到以下要求。

①严把出入关,杜绝无序状态。

②加强巡视,防患于未然。

③控制作业时间,维护其他业主的合法权益。

④强化管理,反复核查。

任务指导3.5 完成任务情景3.5中的工作任务。

目的:熟练掌握装饰装修管理与服务流程。

步骤:第1步:查阅资料;

第2步:设计流程图;

第3步:展示、老师点评;

第4步:总结。

技能实训3.5

审查一份物业装饰装修申请登记表,注意有哪些情况不予登记。(教师到物业服务企业查找一份有问题的装饰装修申请登记表复印给学生。)

思考练习

(1)物业装饰装修管理服务包括哪些内容?

(2)物业装饰装修管理应注意哪些问题?

项目六　日常服务

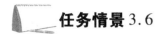 **任务情景** 3.6

请以所在学校物业为管理项目,假设你是管理处的王主任,现要向公司新进的员工就物业管理与服务的日常运作内容进行培训,你将如何介绍?

 知识讲解

一、物业管理与服务日常运作的含义

经过前期物业接管验收、住户入住、装饰装修管理等环节之后,物业管理就开始进入日常化管理阶段,这是物业管理各个环节中最经常、最持久、最基本的工作内容,也是物业服务企业管理水平高低的集中体现。这时,物业服务企业的核心内容就是围绕服务做文章,通过加强和完善物业管理的基础工作,做好物业管理与服务人员的培训、建立和完善物业管理与服务规范和运作体系,来大力提高企业的整体服务水平,以赢得广大业主和物业使用人的信任,树立良好的物业服务品牌形象。

二、物业管理与服务日常运作的主要内容

1. 建立和完善物业管理标准和管理制度

管理标准和管理制度是物业服务企业进行物业管理的依据,也是物业管理得以顺利实施的保证。物业服务企业除了贯彻执行国家有关物业管理的法律、法规以及政府有关行政管理部门颁布的相关条例、规定、办法以外,还应结合自身物业管理的实践,制订必要、适用的管理标准、管理制度和管理细则。这是保证物业管理逐步成熟并走向规范化、程序化、科学化、法制化道路的重要前提,也是加强物业管理监督,约束和规范物业管理主体的行为。以保证物业服务质量,提高物业服务水平,这也是达标创优的必要条件。

物业服务企业的管理标准和管理制度可以划分为如下几类:

①员工岗位职责、行为规范、道德准则、奖惩制度等。

②房屋管理与维修养护标准和制度。

③共用设施设备管理的标准和制度。

④保安、消防、车辆管理标准和制度。

⑤环境卫生标准和制度。

⑥园林绿化标准和制度。

⑦管理服务收费标准和制度。

⑧社区文化及精神文明建设标准和制度。

2. 做好物业服务人员的岗位培训工作

员工培训是物业服务企业提高员工素质的重要手段。对员工的培训包括如下内容。

(1)思想观念和服务意识方面的培训

通过培训教育,使物业服务企业的管理与服务人员树立"服务至上、用户第一"的思想观念和职业道德。随着物业管理行业的发展,那种传统的"谁开发、谁建设、谁管理"的房地产经营管理模式正在被打破,物业服务企业再也不像过去那样从事垄断性经营,而是适应市场经济发展的需要,开展市场竞争。要在激烈的市场竞争中站稳脚跟,就必须要强化服务意识,靠提供优质的服务取胜,否则,就会被市场淘汰。

(2)工作作风方面的培训

通过培训教育,培养物业管理与服务人员优良的工作作风,树立良好的企业形象。

(3)业务技能方面的培训

通过培训教育,使每个员工都清楚地知道自己的工作职责、本岗位的工作标准、操作规程和相关规章制度,不断提高自身的专业技术服务水平,为提供优质服务打下基础。

根据物业管理专业化和现代化的要求,物业服务企业所涉及的各个岗位工作人员均应达到一定的职业水平并获得国家承认的职业资格证书。

3. 建立物业管理的档案资料

物业管理档案资料的建立具有十分重要的意义:一是方便掌握业主和住户的详细情况,随时了解业主和住户的变动情况,以便更好地做好管理和服务工作。二是当房屋及设施设备发生故障时,能通过技术资料迅速找到故障的原因并尽快排除,从而保证房屋及设备设施的正常使用。三是通过档案资料,可随时查询物业服务合同的执行情况、物业服务收费情况和欠费记录,保证物业服务企业能按合同办事,保证能及时收取物业服务费用,维护物业服务企业自身的权利。物业管理的档案资料应包括如下方面。

(1)业主和住户的档案资料

业主和住户的档案资料包括业主和住户的姓名、楼号、门栋、楼层、房号、面积、入住时间、联系方式等。对住户的变动情况,也应随时了解并记录在案。

(2)物业的档案资料

物业的档案资料包括两个方面:一是由建设单位或业主委员会在接管验收时移交的物业资料,如,竣工总平面、单体建筑、结构、设备竣工图,配套设施、地下管网工程竣工图等竣工验收资料,设施设备安装、使用和维护保养等技术资料。二是物业服务企业在物业维修保养过程中积累的资料,如维修计划、维修保养记录等。

（3）物业服务过程中形成的档案资料

物业服务过程中形成的档案资料包括4个方面：一是管理基础资料，如，物业服务合同、管理规约、与专业分包公司签订的专业分包合同、物业管理年度工作计划、重大管理措施、重要会议的会议记录、行政机关及业主委员会的来文来函及物业服务企业内部、外部各项报告的批复等。二是管理标准、规章制度、管理服务实施细则等。三是有关员工的资料，如，员工的基本情况、工作岗位变动及奖惩情况等。四是物业服务收费资料，如收费项目、欠费标准、交费情况、欠费记录。

4.物业管理的实施与控制

物业管理实施，就是要正常开展各项管理与服务工作。它的内容大致有这样六个方面：一是房屋维修与管理。二是共用设施设备的维修与管理，如，电梯、空调、供水、供电、消防、通信、安保等设施设备的维修与管理。三是环境卫生，公共区域的清扫和垃圾清运。四是绿化，包括花草树木的种植和养护。五是治安、消防与车辆的管理。六是便民服务和特色服务等。

在实施物业服务的同时，要抓好对管理服务工作的检查与控制，控制的目的是保证物业服务的质量。控制的方法和步骤如下。

①确定控制标准。控制标准即物业服务企业事先制订的各项工作或服务应达到的标准。

②根据标准检查衡量实际工作。

③发现差距、查找原因、确定整改措施。

④落实整改措施的实施工作。

5.物业管理系统的协调

物业管理社会化、专业化、企业化、经营型的特征，决定了其具有特定的复杂的系统内、外部环境条件。系统内部环境主要是物业服务企业与业主及业主委员会的相互关系协调；系统外部环境条件就是与相关部门相互关系的协调，如，与自来水公司、供电公司、燃气公司、居委会、通信公司、劳动局、工商局、环卫局、园林局、房管局、城管办等有关政府主管部门的关系协调，涉及面相当广泛。物业服务企业要做好物业管理工作，就要建立良好的内、外部环境条件，因为，内部环境是基础，外部环境则是保障。与此同时，政府还要加强物业管理的法制建设和宏观协调，否则，物业管理工作会碰到许多难以想象的困难。

任务指导3.6　完成任务情景3.6中的工作任务。

目的：理清物业管理与服务的日常工作内容。

步骤：第1步，分组讨论；

　　　第2步，向某物业管理处主任请教；

第 3 步,准备培训讲稿;

第 4 步,每个小组派 1 位代表扮演王主任,其余学生扮演新进员工,分组进行角色扮演。

 技能实训 3.6

分小组讨论:在日常物业服务中,怎样建立资料档案?

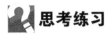 **思考练习**

(1)物业管理与服务的日常运作包含哪些内容?

(2)怎样实施物业管理的控制?

项目七 项目终结退出

任务情景 3.7

阅读以下材料,分析该物业服务公司的撤出行为是否恰当,应按怎样的程序撤出。

一个在 5 年前被评为"花园式"的小区,如今垃圾堆满地。"哪还是花园啊,早成了垃圾窝了,"家住乌鲁木齐××路北十二巷××花园的李先生说,"因为物业不作为,而且在年前单方面撤出,导致目前小区处于无物业管理状态。"

2 月 9 日,该小区大门敞开,门口没有保安,一张"××物业放弃对××花园小区管理的通知"张贴在小区门口的黑板上。小区路面上的积雪与烟花爆竹的碎屑掺杂在一起,每栋楼前都堆放着垃圾,4 号楼旁的垃圾房前更是堆出了一座"垃圾山"。单元门口随处可见业主自发张贴的"物业撤出,请将垃圾倒入垃圾房"的提示。

"2009 年以前,小区绿化很好,现在一片狼藉,"家住一号楼的潘女士说,"以前逢年过节,物业都会在小区大门后悬挂灯笼,在单元门上贴春联。现在物业撤出,不止生活上存在诸多不便,小区内也冷清了不少。"

家住 3 号楼的王书玲说,自己曾是该公司的保洁员,今年 1 月 30 日物业撤出,"最初有 3 个保洁员,2009 年以后只剩我一人,现在我也不管了,"她说,"如今该物业服务公司在小区留了一名保安,但也不常过来。"

该街道双拥社区的主任朱金凤说,该小区共有 174 户居民,其中 40 余户居民曾因小区房屋裂缝、漏水、物业费涨价等问题与物业服务公司发生过冲突,拒交物业管理费。社区多次出面做工作,但部分居民仍对每平方米 0.5 元的物业管理费不满。"物业服务公司一直在赔钱的状态下进行服务,"朱金凤说,"今年物业服务公司实在心有余力不足,就从该小区撤出了。"

朱金凤说,该物业服务公司撤出后,社区一直积极联系其他物业服务公司。"现已联系了4家,其中一家已有意向进驻该小区。"

该区环卫清运队工作人员说,由于通往该小区的道路是一条不到5米宽的坡路,路面湿滑,所以清运车现在还无法进入该小区清运垃圾。"已和社区沟通过,待积雪清扫干净就会清运小区内的垃圾。"他说。

该物业服务公司的工作人员别力克说,小区没有业主委员会,所以没给业主通知就撤出了,部分居民拖欠物业费两三年,目前已向公安机关报案。他说:"我们也在一直联系其他物业服务公司,尽量做好交接工作。"

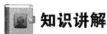 **知识讲解**

一、物业服务企业的解聘

1. 解聘的形式

（1）自然解聘

自然解聘是物业服务委托合同期满后,物业服务企业不再被续聘。为了确保业主和物业服务企业的双方权益,物业服务委托合同中对委托管理的期限都有明确的规定。

（2）提前解聘

提前解聘是指在合同期限内,由于种种原因,合同双方或单方提出终止合同的履行。提前解聘属于提前解除合同,这将给双方的利益和日常的物业管理工作带来较大的影响,因此,双方都要十分谨慎。当业主、业主委员会和物业服务企业产生较大争议时,应进行充分的协商;协商不成时,可提请物业管理行政主管部门调解;调解不成时,当事人可采取仲裁或提交法院给予裁决,一旦裁决,将由负有责任的一方赔偿因提前解除合同给对方造成的经济损失。

2. 解聘的程序

（1）自然解聘的程序

①双方提出书面意见。一般在物业管理委托合同期满前（如6个月）,业主委员会和物业服务企业双方就合同期满后是否续聘问题向双方提出书面意见,表明态度。

②征求业主意见。业主委员会应广泛听取业主对物业管理工作的意见和评价,如果大多数业主反映良好就可以续聘;如果有2/3的业主对物业管理工作不满,可以不再续聘,进行自然解聘。

③物业服务企业进行选择。是否续聘,既是业主和业主委员会的权利,也是物业服务企业的权利。原有物业服务企业有权按照业主履行义务的情况和对本企业工作的支持、配合情况,决定是否续聘。如果同意续聘,可以续签物业管理委托合同;如果

不同意续聘,可以准备撤管。

(2)提前解聘的程序

①正确解决双方的争议。提前解聘一般发生在合同履行中双方发生争议时。首先,应进行充分的协商。其次,协商不成时,可提请物业管理行政主管部门调解。最后,如调解不成,还可以提交法院等有关机构进行裁决。一旦裁决,将由负有责任的一方赔偿因提前解除合同给对方造成的经济损失。

②尽快选聘新的物业服务企业。提前解聘属于提前解除合同。为使物业管理工作不受影响,业主大会和业主委员会在原有物业服务企业撤管前应尽快选聘新的物业服务企业,并做好接管的准备。

③作好移交的准备。提前解聘一旦发生,原有物业服务企业应遵循职业道德规范的要求,本着对业主负责的精神,做好有关物业移交前的各项工作,整理全部档案资料,清理账目,作好移交准备。

二、物业的撤管

无论是自然解聘,还是提前解聘,一旦确定解聘就进入撤管工作阶段。

1.撤管工作的程序

①物业服务企业接受业主大会和业主委员会送达的撤管通知。

②进入撤管准备阶段。物业服务企业在企业内部和外部的人、财、物3个方面作好撤管准备,包括人员安排、清理账目、整理全部档案,按《物业管理条例》的有关规定准备移交物业管理用房和全部资料。

③正式实施撤管。首先,移交全部档案和资料,可以交给业主委员会,也可以在业主委员会的监督下直接交给新选聘的物业服务企业,交接双方要认真清点资料并签字。其次,移交全部物业管理用房和本物业的公共财产,包括管理费、公共收入积累形成的资产,同时,业主委员会有权指定专业审计机构对物业管理财务状况进行审计。原有物业服务企业有义务配合业主委员会帮助新选聘的物业服务企业尽快熟悉情况,并安排好管理工作。

2.在撤管过程中物业服务企业应做好的工作

①要善始善终地做好管理工作。在接到撤管通知和正式实施撤管阶段,这段时间仍然要履行物业管理与服务合同中的约定,需要做的工作应继续进行,避免业主的利益受到损害。

②要尽量减少遗留问题。原来在工程、设施设备等方面存在的问题要抓紧解决,不要给新选聘的物业服务企业留下"后遗症"。

③要做好交接工作。物业服务合同终止时,业主大会选聘了新的物业服务企业。新、旧物业服务企业之间应做好交接工作。按照《物业管理条例》的规定,如果不移交有关资料,由县级以上地方人民政府房地产行政主管部门责令限期改正;逾期不移交

有关资料的,对建设单位、物业服务企业予以通报,处1万元以上、10万元以下的罚款。

三、物业服务企业的解聘条件

物业服务企业的解聘有两种情况:一是自然解聘。其条件就是合同期满,双方协商不再续聘。二是提前解聘。其条件是双方无法继续履行合同。其原因是多方面的,可能是广大业主对物业服务企业的工作极度不满,而物业服务企业又无切实改进工作的措施和行为,业主一致要求提前解聘;或物业服务企业认为业主和业主委员会未认真履行合同中载明的义务或对本企业的物业管理工作的支持配合十分不力,以致无法继续履行合同。但不管是什么原因,都应该有一个正当的理由。

四、物业服务企业撤管时应移交的资料

①竣工总平面图,单体建筑、结构、设备竣工图,配套设施、地下管网工程竣工图等竣工验收资料。

②设施设备的安装、使用和维护保养等技术资料。

③物业质量保修和物业使用说明文件。

④物业管理所必需的其他资料。

任务指导 3.7   完成任务情景3.7中的工作任务。

目的:熟练掌握项目终结退出时,物业公司应该如何处理。

步骤:第1步,分角色扮演:一部分扮演物业公司工作人员,一部分扮演业主委员会。

第2步,按正确的流程进行。

第3步,物业公司工作人员与业主委员会分别拟写撤出前的资料和物品清单。

第4步,将双方清单进行对比后讨论,老师进行点评。

 技能实训 3.7

请思考:在情景任务3.7中,物业公司项目经理怎样和业主进行协调?

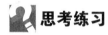 **思考练习**

(1)物业管理解聘的程序是怎样的?

(2)物业管理的撤管程序是怎样的?

模块四　物业管理专业化服务

教学目标：

能力要素	实际操作标准	知识要求
认识物业管理的工作内容	了解物业管理的整体工作内容,有清晰的思路和框架	物业管理与服务的工作内容
安全服务	门岗服务、巡逻、车辆管理、消防管理	各项安全服务的岗位职责、工作任务和应急预案
环境服务	保洁服务、绿化服务	保洁服务的岗位设置和工作任务,保洁服务的管理;绿化服务的岗位设置和工作任务,绿化服务的管理
工程设备维修与保养	房屋的管理和保养,设备的操作、管理和保养,日常维修工作	房屋的基本知识,设备的基本知识,维修工具的认识和操作
纠纷调节服务	客户投诉处理,客户关系管理	日常客户服务的工作内容
其他服务	租售服务,估价服务	

教学内容：

项目一　安全服务

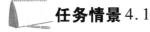

任务情景 4.1

阅读以下两个案例后回答问题。

案例 1

某日清晨,某大厦新来的保洁员阿霞在公共通道拖地时,发现 1805 号业主家的客厅亮着灯,但大门内侧的防火门开着,外面的"通透式"防盗门也虚掩着。她便上前按业主家的门铃,但是按了好几次,室内也没有反应。阿霞便怀着好奇的心理,侧身进入室内,到客厅、阳台、厨房等处一一查看有没有人。正在这时,业主张先生从电梯出来径直走回家(他原来"早锻炼"去了,因粗心而忘了关好家门)一见大门未关,张先生先是吃了一惊,进到家中,又看见一陌生女子在自己家里,更是又急又气,大声质问阿霞是干什么的,不由分说地要把她送到派出所。

问题:阿霞此举正确吗? 为什么?

提示:

(1)阿霞错在没有向上级反映情况,同时缺乏处理此类事件的经验,自己私自进入业主屋内。阿霞不懂法律,公司培训也没有跟上。

(2)妥善的处理方法。发生这种情况一定要向上级反映,然后在门口等候业主或同事到来,不能自己单干。最好的处理办法是赶快通知管理处,管理处一方面可以通过电话和业主联系,让业主赶快回家,以确认家中是否被盗;另一方面,管理处相关负责人要和保安尽快到达现场。如实在与业主联系不上,也必须至少有两个人同时进入业主家里。这样,有了物业保安的参与,即使业主发现,一般也不会误解。

案例2

近日,某小区两位保安员正在进行例行巡查时,突然发现8号楼某窗口不断飘出烟雾,两人随即呼叫小区消防控制中心。经观察,烟雾源自9楼某室。为此,中心一边采取门铃对讲呼叫和打电话的方式,紧急联络业主,一边令保安迅速上楼敲门呼喊,同时还报警求援。谁知,门铃对讲机无人应答,业主的电话也没人接听,保安狠命拍门更不见任何动静。这时,这户居民家漫出的烟雾已越来越浓,情急之下,物业负责人果断决定破门而入。由于防盗门十分坚固,保安人员齐心协力狠命猛砸方打开了大门。待保安冲进失事居室,却见业主仍在床上未起,人已被烟雾熏得有些昏迷,失火点的鱼缸已被烧变了形。保安随即切断电源,拖出业主,迅速灭火。清醒过来的业主想到自己刚才身陷险境,看到被保住了的家,不免一阵后怕,拉住保安的手连声感谢。

问题:遇到这类紧急事件,及时处理是关键。物业服务公司的员工,尤其是保安人员应该如何处理这类突发事件?

🔲 知识讲解

一、物业安全管理的概念

1.物业安全管理的含义

(1)安全

安全,指没有危险,不受威胁,不出事故。物业安全一般包含3层含义。

①物业区域内的人身和财物不受侵害,物业区域内部的生活秩序、工作秩序和公

共场所秩序保持良好的状态。

②物业安全不仅指物业区域内的人身和财产不受侵害,而且指不存在其他因素导致这种侵害的发生,即物业的安全状态应该是一种既没有危险,也没有可能发生危险的状态。

③物业安全是物业区域内各方面安全因素整体的反映,而不是单指物业某一个方面的安全。

影响物业安全的因素很多,变化也比较快,归纳起来主要有两大类。

一是人为侵害因素,如失火、偷窃、打架等。

二是自然侵害因素,如大风刮倒广告牌、电梯故障等。安全管理人员应了解这些影响安全的因素,并随时注意处理。

(2)安全管理

物业安全管理是指物业服务公司采取各种措施和手段,保证业主和使用人的人身和财产的安全,维持正常的生活和工作秩序的一种管理工作。物业安全管理包括"防"与"保"两个方面,"防"是预防灾害性、伤害性事故发生;"保"是通过各种措施对万一发生的事故进行妥善处理。"防"是防灾,"保"是减灾,两者相辅相成,缺一不可。

物业安全管理作为一项职业性的服务工作,是介于公安机关职责和社会自我防范之间的一种专业保安工作,它较之于社会治安管理的两种形式(公安机关和社会自我防范),具有补充的性质。即具有补充国家安全警力不足、减轻国家财政负担及工作职责范围针对性强的优点。

物业安全管理的目的,是要保证、维持业主和使用者有一个安全舒适的工作、生活环境,以提高生活质量和工作效率。

2. 物业安全管理的内容

物业安全管理的主要内容包括治安管理、消防管理以及车辆道路管理 3 个方面。

(1)治安管理

治安管理的内容包含以下方面。

①对物业区域内违反《治安管理条例》的行为进行制止,并报公安机关处理。如非法携带枪支弹药,非法侵入他人住宅,偷盗他人财物等。

②对物业区域内妨碍他人正常生活的行为进行禁止,如发出噪声、污染环境,乱扔杂物,搭建各类违章建筑、流动摊贩扰民等。

(2)消防管理

消防管理的内容主要是预防和控制火灾的发生。如防火安全宣传,及时扑灭火灾,消防器材的保养和维修等。

(3)车辆交通管理

车辆交通管理主要是搞好车辆停放和交通安全管理,保证车辆和行人的安全。

美国心理学家马斯洛的需求梯度理论指出,人类的需要可分为 7 个层次,即生理需要、安全需要、友爱和归属的需要、尊重的需要、求知的需要、求美的需要和自我实现的需要。这 7 种需要是按次序逐级上升的,当人的生理需要(维持体内生理平衡的需要,如饥饿、口渴等)得到基本满足后,人类就会首先产生安全(周围生活环境的稳定性、安全性,如没有混乱、恐吓)的需要。随着科学技术水平的提高以及人民生活水平的不断改善,安全问题越来越受到人们的重视。因此,物业安全管理的服务内容和规范也会随着社会总体经济水平的提高、社会分工的进一步分化而得到进一步的扩展和延伸。

3. 物业安全管理的机构设置与职责

物业服务企业对物业的安全管理,可以委托专业公司经营或自行组织专门的队伍实施。但不论由谁来完成,都必须在物业建设方案设计之初就考虑物业安全方面的专门要求。安全专家必须与物业管理人员共同参与物业设计方案的拟订,以避免在方案建设完成后进行不必要的更改。因此,在制订物业设计方案时,安全要求的纳入是非常重要的。物业服务公司应制订详细的安全管理章程和制度并公之于众,力求做到有章可循、有章必循、执章必严、违章必究。

安全管理的机构设置与所管物业的类型、规模有关,物业管辖的面积越大,类型配套设施越多,班组设置也越复杂。物业服务公司通常可以设置保安部来负责物业的安全管理。

保安部的主要职责有如下内容。

①贯彻执行国家公安部门关于安全保卫工作的方针、政策和有关规定,建立物业辖区内的各项保安工作制度,全面负责物业辖区的安全工作。

②组织部门全体人员开展各项保安工作,提出岗位设置和人员安排的意见,制订岗位职责和任务要求,主持安全工作例会。

③熟悉物业区域常住人员,及时掌握区域内人员的变动情况,了解本地区治安形势,有预见性地提出关于物业辖区保安工作的意见和措施。

④积极开展"五防"(防火、防盗、防爆、防破坏、防自然灾害)的宣传教育工作,采取切实措施,防止各类事故的发生,具有突发性事故的应变对策和妥善处理的能力。

⑤抓好对部门干部和职工的安全教育、培训工作,提出并落实教育培训计划。

二、物业安全管理的指导思想和原则

1. 指导思想

物业安全管理的指导思想是:建立起健全、完备的组织机构,用尽可能先进的设备设施,选派最具责任心的专业人才,坚决贯彻"预防为主"的原则,千方百计地做好预防工作,最大可能地杜绝或减少安全事故的发生。同时,对于万一出现的安全事故,要根据具体情况,统一指挥、统一组织、及时报警,并采取一切有效的手段和措施进行处理,力争将人员伤亡和经济损失减少到最低。

2."五落实"原则

（1）思想落实

思想落实即要把安全管理放在第一位,要真正从思想上重视物业的安全管理。物业服务公司要大力进行有关安全的宣传教育,组织职工学习有关的法规和规定,学习兄弟单位的先进经验和内部制订的各项安全制度、岗位责任制和操作规程等。通过宣传和不断地学习,使广大员工和业主、使用人重视安全,懂得规定和要求,自觉遵守,主动配合,共同搞好安全管理工作。

（2）组织落实

物业服务公司要由主要的领导挂帅,成立安全委员会,负责安全管理工作。同时还要建立具体的物业安全管理机构,如保安部或委托专业的保安公司。应由专门的机构负责安全管理的具体领导、组织和协调工作,而不能把它作为一个附属的机构放在某一个其他部门里。

（3）人员落实

物业服务公司的主要领导要兼任安全委员会的主任,而且要把安全管理提到日常的议事日程上,并选派得力的干部出任保安部经理,配备必要的安全保卫人员。安全保卫人员必须经过专业岗位培训,要有较高的政治素质、业务素质和思想品德素质。要把安全管理的任务落实到具体的安全管理人员中去,由专人负责。

（4）制度落实

物业服务公司要根据国家的有关政策、法律、法规等规定的要求,结合自己所管物业的实际情况,制订出切实可行的安全管理制度和办法,如安全管理岗位责任制、安全管理操作规程等,并坚决组织贯彻执行。

（5）装备落实

要配备专门的、现代化的安全管理的设备设施,如中央监控系统、自动报警系统、消防喷淋系统以及其他安全管理器材设备（如交通、通信和防卫设备）,以增强安全管理的安全系数与效率,保证物业区域内人员的人身和财产安全。

三、物业安全管理的意义

①物业安全管理是保证国家和城市社会稳定、维护社会安定团结、保障人民安居乐业的前提条件之一。整个国家和城市是由千千万万个社区所组成的,只有做好各个社区的安全管理工作,才能实现社会稳定、人民安居乐业的目标。

②物业安全管理能为业主和使用人的人身、财产提供安全和保护。

③物业安全管理是物业服务公司提高信誉,增强市场竞争力的一种重要途径。

④物业的安全管理做好了,物业才能少受或不受损失和侵害,其价值才能得到保持。另外,人们也才会更乐意购买该物业,所管物业才会增值。

任务指导4.1 完成任务情景4.1中的工作任务。

目的:制订突发事件的应急预案。

步骤:第1步,可选择的主题有火灾、打架斗殴、煤气中毒、命案、发现可疑人员等;

第2步,分组进行讨论,选择一个主题进行应急预案的起草;

第3步,选举发言人汇报,并上交一份纸质的文档。

技能实训4.1

阅读以下《秩序维护军训动作要领》并按照要求进行训练。

秩序维护军训动作要领

一、目的

规范秩序维护人员队列训练规范。

二、适用范围

适用于秩序维护人员队列训练。

三、程序要点

1. 立正

两脚跟靠拢并齐,两脚尖向外分开约60°。两腿挺直,小腹微收,自然挺胸,上体正直,微向前倾,两肩要平,稍向后张。两臂下垂、自然伸直,手指并拢、自然微曲,拇指贴食指第二节,中指贴裤缝。头要正,颈要直,口要闭,下颌微收,两眼向前平视。

2. 稍息

左脚顺脚尖方向伸出全脚的2/3,两腿自然伸直,上体保持立正姿势,身体重心大部分落于右脚。

3. 停止间转法

①向右(左)转。以右(左)脚跟为轴,右(左)脚和左(右)脚掌前部同时用力,使身体协调一致地向右(左)转90°,体重落在右(左)脚,左(右)脚取捷径迅速靠拢右(左)脚,成立正姿势。转动和靠脚时,两腿挺直,上身呈立正姿势。

②半面向右(左)转。按向右(左)转要领转45°。

③向后转。按向右转要领向后转180°。

4. 行进

①齐步走。左脚向正前方迈出约75 cm,按先脚跟、后脚掌顺序落地,同时身体重心前移,右脚照此法动作。上体正直,微向前倾,手指轻轻握拢,拇指贴于食指第二节,两臂前后自然摆动。向前摆臂时,肘部弯曲、小臂自然向里合,手心向内稍向下,拇指根部对正衣扣线,并与最下方衣扣同高,离身体约25 cm;向后摆臂时,手臂自然伸直,

手腕前侧距裤缝线约 30 cm。行进速度每分钟 116~122 步。

②正步。左脚向正前方踢出约 75 cm,适当用力使脚掌着地,身体重心前移,右脚照此法动作。上体正直,微向前倾,手指握拢,拇指伸直贴食指第二节。向前摆臂时,肘部弯曲,小臂略成水平,手心向内稍向下,手腕下沿摆到高于最下方衣扣约 10 cm 处,离身体约 10 cm;向后摆臂时,手腕前侧距裤缝线约 30 cm。行进速度每分钟 110~116 步。

③跑步。听到预令(跑步),两手迅速握拳,提到腰际约与腰带同高,拳心向内,肘部稍向里合。听到预令(走),上体微向前倾,两腿微弯,同时左脚利用右脚掌的蹬力跃出约 85 cm,前脚掌先着地,身体重心前移,右脚照此法动作。两臂前后自然摆动,向前摆臂时,大臂略直,肘部贴于腰际,小臂略平,稍向里合,两拳内侧各距衣扣线约 5 cm;向后摆臂时,拳贴于腰际。行进速度每分钟 170~180 步。

④踏步。两脚在原地上下起落,上体保持正直,两臂按照齐步或者跑步摆臂要领摆动。

5. 立定

齐步和正步时,听到预令(立定),左脚再向前大半步着地,两腿挺直,右脚取捷径迅速靠拢左脚,成立正姿势。跑步时,听到预令(立定),再跑两步,然后左脚向前大半步着地,右脚靠拢左脚,同时将手放下,成立正姿势。踏步时,听到预令(立定),左脚踏一步,右脚靠拢左脚,成立正姿势。

6. 蹲下、起立

①蹲下。右脚后退半步,前脚掌着地,臀部坐在右脚跟上,两腿分开约 60°,手指自然并拢放在两膝上,上体保持正直。

②起立。全身迅速起立,成立正姿势。

7. 整理着装

双手从帽子开始,自上而下,将着装整理好,整理完毕,自行稍息,听到"停",恢复立正姿势。

8. 整齐报数

①整齐。听到"向右(左)看齐",排头兵不动,其他人员向右(左)转头,眼睛看右(左)邻人员腮部,前四名能通视排头兵,自第五名起,以能通视到本人以右(左)第三人为准。后列人员,先向前对正,后向右(左)看齐,听到"向前——看"时,迅速将头转正,恢复立正姿势。

②报数。横队从右至左,依次以短促洪亮的声音转头报数,最后一名不转头。数列横队时,后列最后一名报"满伍"。

9. 敬礼、礼毕

①敬礼。上体正直,右手取捷径迅速抬起,五指并拢自然伸直,中指微按帽檐右角

前约2cm处(无帽檐时按太阳穴与眉同高),手心向下,微向外张,手腕不得弯曲,右大臂略平与两肩略成一线。

②礼毕。听到口令,将手放下,成立正姿势。

10.跨立

左脚向左跨出约一脚之长,两腿挺直,上体保持立正姿势,身体重心落于两脚之间。两手后背,左手握右手腕,拇指根部与外腰带下沿同高,右手手指并拢、自然弯曲,手心向后。

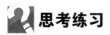

思考练习

(1)物业安全管理的主要内容是什么?

(2)物业安全管理中消防管理的工具有哪些,你会使用吗?

(3)作为小区安全管理部的负责人,应该如何管理小区的安全?

项目二　环境服务

任务情景4.2

根据下列楼内保洁服务的要求,查看教室或者寝室周围有哪些地方的保洁是不合格的? 为什么?

(1)人行楼梯、电梯

①地面保持光洁、光亮,无污迹、水印、脚印。

②走廊四角及踢脚板保持干净、无污渍。

③墙面、地面、灯具保持干净、无积灰。

④安全扶梯台阶保持清洁、无污物,栏杆上保持光亮、无污迹。

⑤电梯梯门光洁、光亮,轿箱及四壁干净、整洁。

(2)高层住宅出入口大堂及楼层清洁

①地面:无废杂物、纸屑,无污迹,地毯平整、干净。

②墙面:踢脚线、消防排烟口、警铃、安全指示灯、各种标志牌表面干净,无灰尘、水迹、污迹、斑点。

③垃圾桶:外表干净,无积垢、臭味。

④玻璃窗(玻璃、窗框、窗台、窗帘):明净、光洁、无积尘、污迹、斑点。

⑤各种设施外表(如大堂前台、广告牌、灯箱、消防栓箱、楼层分布牌等):表面干净,无积尘、污迹、斑点。

（3）公共区域的卫生间

①大小便池：内外光洁，无污垢、积尘。适当的地方放卫生球，喷空气清新剂。

②洗手盆、镜台、镜面：内外光洁，无污垢、斑点、积水、积尘。

③地面、墙面：光洁、无污迹，无杂物、脏物，无积水、积尘，无蜘蛛网。

④厕所篓、垃圾桶：无陈积物，无臭味，外表干净。

（4）玻璃门窗及不锈钢设施

①玻璃无灰尘、水迹，保持干净、光亮。

②玻璃上的污斑、手印应及时清除，保持清洁。

③爱护清洁工具，注意保养，不得用损坏的工具擦洗玻璃。

④不锈钢表面无灰尘、水迹、污迹、手印。

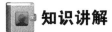 **知识讲解**

一、物业环境保洁管理

1. 物业环境的保洁管理的含义和机构设置

（1）保洁管理的含义

保洁管理就是指物业服务公司对所管辖的区域有计划、有条理、有程序、有目标的，并按指定的时间、地点、人员进行日常的清洁服务。结合精神文明建设，依照规范服务的要求，对业主（使用人）进行宣传教育、专业管理，使其能自觉养成良好的卫生习惯，遵守规章制度，保持物业区域环境整洁，减少疾病的发生，促进人员的身心健康，以提高物业区域使用环境的效益。

（2）保洁管理的机构设置与职责划分

①保洁管理的机构设置。最简单的是设置一个公共卫生清洁班，直接由部门经理负责。对于一个规模较大的物业服务公司而言，其保洁部一般分设 3 个班：楼宇清洁服务班、公共区域清洁班、高空外墙清洁班。

②保洁管理人员的职责划分。

A. 部门经理的工作职责：按照公司经理的指示精神和公司的管理目标，组织各项清洁服务的具体工作；每日检查各区域清洁任务的完成情况，发现不足之处要及时组织返工；接洽各种清洁服务业务，为公司创收；经常在区域内巡查，发现卫生死角，应及时调配人员，予以彻底清扫。

B. 技术员的工作职责：配合经理，拟订清洁管理的实施方案；对一些专用清洁设备进行使用指导；随时检查和保养清洁机械；监督检查分管的清洁区域和项目；完成经理交办的其他事项。

C. 公共卫生区域清洁班领班的工作职责：接受保洁部经理的领导，向保洁部技术员负责；每日班前留意部门经理、技术员的提示及工作要求；检查班组员工到岗情况，察看是否全勤工作,对缺勤情况及时采取补救措施,合理安排下属人员的工作;检查所辖范围的清洁卫生状况,发现问题及时处理;随时检查员工的工作状况,及时调整各种工具及人力的配置;编制公共卫生辖区内的人员安排计划、清洁用品供应计划,努力减少损耗,控制开支;关心员工的生活,掌握员工的工作情绪,指导员工的工作,增强班组的凝聚力;定期做好清洁设备设施的维修报告,以便公司安排好预算,保证资金到位。

D.保洁员的工作职责:遵守物业服务公司制订的管理细则,统一着装上岗,树立良好的企业和个人形象;服从班长指挥,严格按照清洁程序,保质保量地完成本人所负责区域内的清扫卫生工作;发扬互助精神,支持同事工作。

E.仓库保管员的工作职责:严格遵守公司的各项规章制度,服从工作安排;认真做好仓库的安全、整洁工作;按时到岗,经常巡视打扫,合理堆放货物,发现问题及时上报;负责清洁工具及用品的收发工作,严格执行收发手续,对于手续欠妥者一律拒发;严禁私自借用工具及用品;做好月底盘点工作,及时结算出月末库存数据报部门经理;制订每月清洁物料库存采购计划,提前呈报部门经理。

2.保洁管理工作的主要内容

(1)制订管理制度

物业服务公司应在国家和地方有关法律法规的基础上,制订自己的保洁管理规章制度。如,保洁卫生操作标准、岗位职责、员工服务规范、清洁设备领用制度、操作规程以及奖惩规定等。

(2)制订保洁工作计划

①每日清洁工作的内容有:管辖区域内道路(含人行道)清扫两次,整日保洁;管辖区域内绿化带,含草地、花木灌丛、建筑小品等清扫一次;各楼宇电梯间、地板拖洗两次,墙身清抹一次;楼宇各层楼梯及走廊清扫一次,楼梯扶手清擦一次;收集住户生活垃圾,清除垃圾箱内垃圾。

②每周清洁工作的内容有:高层楼宇的各层公共走廊拖洗一次;业主信箱清擦一次;天台、天井清扫一次。

③每月清洁工作的内容有:天花板灰尘和蜘蛛网清除一次;高层楼宇各层的公用玻璃窗擦拭一次;公共走廊及住宅区内路灯罩清擦一次。

(3)抓好卫生设施建设

①环卫车辆:有清扫车、洒水车、垃圾运输车、粪便清运车等。

②便民设施:为了便利群众而建设的卫生设施,如垃圾清运站、果皮箱等。

(4)加强环境卫生的宣传教育

良好的环境卫生,既需要物业服务企业的管理、打扫,也需要业主和物业使用人的保持与配合。因此,应通过宣传教育,提高住户的文明程度,自觉遵守有关规定,配合物业服务公司搞好保洁卫生管理工作。

3.保洁管理工作标准

(1)做到"五定"

"五定"即清洁卫生工作要做到:定人、定地点、定时间、定任务、定质量。

(2)做到"七净""六无"

"七净"是指在物业管理区域内做到路面净、路沿净、人行道净、雨(污)水井口净、树根净、电线杆净、墙根净;"六无"是指在物业管理区域内做到无垃圾污物、无人畜粪便、无砖瓦石块、无碎纸屑果皮果核、无明显粪迹和浮土、无污水脏物。

(3)垃圾清运及时,当日垃圾当日清除

要采用设垃圾桶、实行袋装垃圾的办法集中收集垃圾。

二、物业环境的绿化管理

1.物业环境绿化管理功能

①防风、防尘,保护生态环境。绿化和树木能够发挥降低风速、阻挡风沙、吸附尘埃的作用。由于树木的生命周期较长,效果也会比较持久。

②净化空气,降低噪声,改善环境。绿色植物能够吸收二氧化碳等有害物质,释放氧气;灌木与乔木搭配种植,可以形成绿色"声屏",吸收和隔挡噪声。

③改善小气候,调节温度,缓解城市热岛效应。绿色植物在蒸发水分的过程中,能够增加周围空气的相对湿度、吸收热量、降低气温,所以,对于缓解人造热源过多,人口、车辆密集,建筑物集中等原因造成的"热岛效应"具有一定的作用。

④美化物业区域和城市环境。良好的园林绿化不仅可以使城市充满生机,而且能够为业主和使用人的工作、生活、学习创造清新、优美、舒适的环境。

⑤提供休闲健身场所,陶冶人们道德情操。在绿地中,儿童游戏,成人休闲、娱乐,老人锻炼身体,可以起到丰富生活、陶冶情操、消除疲劳、增进人们彼此的联系与交往的作用。

2.物业环境绿化系统的组成

①公共绿地。指物业范围内公共使用的绿化用地,如,居住区的花园、住宅组群间的小块绿地。

②公共建筑和公用设施绿地,如物业范围内的学校、医院、影剧院等周围的绿地等。

③住宅旁和庭院绿地。

④街道绿地,如居住区内的干道、步道两旁种植的树木等。

⑤竖向绿化,如屋顶、墙面、阳台等处的绿化。

3.绿化管理的机构设置与职责划分

(1)绿化管理的机构设置

可以设立专门的部门(即绿化部),一般至少下设一个养护组。如工作需要,也可设花圃组和服务组,花圃组和服务组均可对外直接经营,为公司创收。

（2）绿化管理人员的职责划分

①部门经理的岗位职责：

A.对公司经理负责,主持绿化部门的全面工作,制订本部门的工作规划。

B.积极开展创收工作,增加公司的经费收入。

C.检查、督促和考核部属工作。

D.主持、组织管理人员的绿化养护、进行培植技术培训。

②绿化技术人员的岗位职责：

A.对部门经理负责,主持部门内的技术培训、管理指导工作。

B.负责制订绿化技术管理规定和措施。

C.负责绿化管理员工培训的实施。

D.负责绿化培植、养护、管理的技术指导和检查。

E.负责对外有关绿化经营技术的业务工作。

③养护、管理人员的岗位职责：

A.全面负责管辖区内的绿地、花木的养护和管理。

B.对损坏花木、践踏草坪者,要劝阻、教育,情节严重的按规定处罚。

C.负责绿地、花木的浇水、施肥、除杂草、松土、除病虫、喷药、修剪整形、防护等工作。

D.妥善保管、使用好各种工具、肥料和药品等。

4.绿化管理工作的主要内容

（1）做好绿地的营造工作

①绿地营造的设计要求。进行绿地设计时,一般应满足以下要求:遵循"实用、经济、美观"的原则,讲求功能与美观的有机结合。应对物业区域的出入口等醒目之处实施重点美化。绿地设计应与物业氛围及周边环境相协调等。

②进行树木的选择与配置。选择绿化树木的种类时,应注意以下问题:树木的生命周期较长,抗病、虫害能力较强;道路旁的树木,应树干高大、树冠浓密、清洁无异味;绿地上的树木,不应带刺、有毒;水池边的树木,应落叶较少、不产生飞絮等。

树木的配置,可采取规划式和自然式等不同形式。前者多用于建筑物附近,后者宜用于远离建筑物的地方。同时,要注意绿与美的协调,树木种植的密度、树木生长期的长短、树冠大小,不同的树种的合理搭配,树木与建筑物、管道的间距等问题。

③完成园林小品的建造。物业区域的绿化虽然是以植物为主,但园林小品也是其中的重要组成部分,而且还会对进一步提升绿化的美化功能起到画龙点睛的作用。

④实施竖向绿化。竖向绿化,也称"垂直绿化"。将屋顶、墙面、阳台等处进行竖向绿化,作为地面绿化的补充,不仅可以提高物业绿化的观赏性和绿化率,而且可以在一

定程度上弥补建筑物自身功能的某些不足。

（2）搞好绿化的养护管理工作

物业区域绿化的养护管理工作，一般包括以下内容：

①浇水。

②施肥。

③整形、修剪。

④除草、松土。

⑤病、虫害的防治。

（3）制订绿化管理规定

绿化管理规定主要包括如下内容：

①人人有权利和义务管理、爱护花草树木。

②不攀折花木以及在树木上晾晒衣物。

③不损坏花木、保护设施及花坛。

④行人或车辆不得跨越、通过绿化地带，不准碰坏绿篱、栅栏。

⑤不往绿地内倾倒污水或投扔杂物。

⑥不在绿化范围内堆放物品，停放车辆。

⑦不在树木上及绿化带内设置广告牌。

⑧人为造成花木及保护设施损坏的，根据有关主管部门的规定进行处罚；若是儿童所为，则由家长负责支付罚款。

（4）绿化管理的质量要求和考核指标

①绿化管理的质量要求：

A. 树木——生长茂盛无枯枝。

B. 树形——美观完整无倾斜。

C. 绿篱——修剪整齐无缺枝。

D. 花坛——土壤疏松无垃圾。

E. 草坪——平整清洁无杂草。

F. 小品——保持完好无缺损。

②绿化管理的考核指标：

A. 居住区绿化标准。根据国家1992年4月颁布的《全国城市文明住宅小区达标考评实施细则》规定，住宅小区人均公用绿地应达到每个居民平均占有 1.5 m^2 以上，绿地率要达到30%，绿化覆盖率达到25%以上。

B. 树木成活率。除新种树苗为95%外，均应达到100%。

C. 树木倾斜程度。新种树木高度 1 m 处倾斜超过 10 cm 的树木不超过树木总数的2%。

D. 遭各类虫害的树木不超过树木总数的2%。

E. 树木无枯枝败叶。

F. 绿化围护设施无缺损。

G. 绿化带内整洁无杂物。

③行道树养护质量标准：

A. 成活率95%。

B. 老树保存率99.8%。

C. 树干基本挺直,倾斜度不超过10°。

D. 骨架均匀,树冠完整,叶面光照均匀。

E. 及时修剪、剥芽、控制害虫。

F. 树穴不积水。

G. 绑扎物不嵌入树内。

H. 无死树、缺株。

I. 无坏桩、断桩。

J. 及时处理与公用事业设施的矛盾。

④街道绿地质量标准：

A. 成活率95%。

B. 老树保存率99.8%。

C. 树木生长好,控制虫害,青枝绿叶不破相。

D. 绿篱平整,无成块缺档。

E. 草皮无大片野草,无成片空秃。

F. 树坛、花坛、草坪间隔清楚。

G. 花坛有花(一级花坛四季有花,二级花坛节日有花)。

H. 无死树,无枯枝烂头。

I. 绿化带内清洁整齐,无积水,无蚊蝇孳生地。

J. 各种设施基本完好。

三、物业环境污染与防治

1. 大气污染与防治

（1）产生大气污染的原因

造成物业环境大气污染的主要原因有如下几点：

①直接以煤炭作为能源燃烧,导致烟尘、二氧化硫、二氧化碳等的普遍污染,甚至引起酸雨污染。

②使用燃油型机动车辆,超量排放尾气。

③基建工地扬尘以及物业维修和装修造成的粉尘污染。

④不当燃烧以及燃放烟花爆竹等。

（2）大气污染防治的途径

①改变能源结构。我国的大气污染,主要是煤烟型污染,因此要大力提倡使用煤气、天然气、沼气等清洁燃料,并大力开发太阳能、风能等新能源。在过渡阶段,可以引导业主和使用人采用型煤,它比原煤散烧可节能15%,减少烟尘排放50%。

②禁止在物业管理区内域焚烧沥青、油毡、橡胶、塑料、皮革、落叶和绿化修剪物等能产生有毒、有害气体和恶臭气体的物质。特殊情况下确需焚烧的,必须报经当地环保部门批准。

③严格控制物业管理区域内工业生产向大气排放含有毒物质的废气和粉尘。对确需排放的,必须经过净化处理后达标排放。

④加强车辆管理,限制机动车辆驶入物业管理区域,既能减少尾气排放量,又能减少噪声。

⑤在物业维修、装修时,尽量采取防止扬尘的措施。

⑥平整和硬化地面,减少扬尘。

⑦搞好绿化。树木、绿草能净化空气、遮挡灰尘,因此,绿化是防治大气污染的积极途径。

2. 水体污染与防治

（1）产生水体污染的原因和种类

①病原体污染物。生活污水及医院、饲养场、食品加工等排出的废水中,常含有各种病原体,如,病菌、病毒、寄生虫等。

②需氧物质污染物。是指在生活污水、饮食服务、食品加工等排放的废水中,含有需氧的有机物质。这类污染物的主要危害是造成水中溶解氧减少,当水中溶解氧耗尽后,有机物质将进行厌氧分解,产生硫化氢、氨和硫醇等难闻气味,使水质进一步恶化。

③有毒化学物质。有毒化学物质的种类较多。第一类是重金属,第二类是酚和氰,第三类是有机氮化合物、有机氯化合物等。它们对人体都有很大的危害。

④其他污染物质。是指酸性和碱性物质、盐类、石油、放射性物质以及热力等,这些物质排入水体后,都会引起对环境和人类的损害。

（2）水体污染防治的途径

①加强对污水排放的控制。防止水体污染的主要措施是严格控制工业和生活污水的任意排放,除此之外,还要加强对水体与污染源的巡回监测,从制度和管理上控制随意排污和超标准排污现象。

②加强对已排污水的处理。在目前的社会生产条件下,产生工业和生活污水是不可避免的。为了确保水体不被污染,就必须对已排污水进行处理,使水质达到排放标准和不同的利用要求。污水处理的方法有多种,如,物理处理法、化学处理法、物理化

学法、生物处理法等。

③加强生活饮用水二次供水的卫生管理。生活饮用水二次供水,是指通过储水设备和加压、净化设施,将自来水转供业主和使用人生活饮用的供水形式。为了有效地防止污染,物业服务公司必须加强二次供水及其卫生管理,要确保达到饮用标准,要按照规定进行消毒。

3. 固体废弃物的污染与防治

（1）固体废弃物污染产生的原因

固体废弃物是指生产、生活和其他活动中产生的,在一定时间和地点不再需要而丢弃的固态、半固态或泥态物质。

（2）固体废弃物污染防治的途径

①对于垃圾,物业服务企业应建立垃圾的分类收集系统,做到从该物业及时输出或处理。有条件的可自己处理,没有条件的应把垃圾送到城市垃圾处理中心集中处理。对无机垃圾,可采用填埋的处理方式。

②粪便纳入城市污水处理系统。

③沟泥要进行固液分离、固体干化科学处理,提高无害化处理率,然后输送到农林生态系统。

4. 噪声污染与防治

噪声污染是指人类活动排放的环境噪声超过国家规定的分贝标准,妨碍人们工作、学习、生活和其他正常活动的现象。

（1）产生噪声污染的原因

①车辆交通噪声。车辆交通噪声是噪声的来源之一。当机动车辆驶入物业管理区域内时,会发生行进声、振动声和喇叭声,造成直接噪声污染。

②建筑施工噪声。在物业区域外如有建筑工地,会发出因机械振动、摩擦撞击、搅拌、吆喝等噪声,使物业环境受到间接污染。物业区域内本身的维修和装修活动,也会产生施工噪声和使用电动工具造成的刺耳噪声污染。

③社会生活噪声。是指物业区域内部和建筑物内部各种生活设施、人群活动等产生的噪声,主要包括商业设施噪声、教育设施噪声和居民生活噪声 3 类。例如,户外农贸市场的嘈杂声、小区内卡拉 OK 的歌唱声、中小学广播的喇叭声、儿童的哭闹声等。

（2）物业环境噪声污染的控制措施

①禁止在住宅区、文教区和其他特殊地区设立产生噪声污染的生产、经营项目。

②禁止在夜间（一般指晚 22:00—次日晨 6:00）从事施工作业,以免影响他人休息。但抢修、抢险和必须连续作业的,经市或区县环保局批准的除外。

③禁止机动车、船在禁止鸣笛区域内鸣笛。控制机动车辆驶入物业区域内,对于允许驶入的车辆,采取措施迫使其减缓车速以减少噪声,并禁止鸣喇叭。

④从事文化娱乐活动,或者使用音响设备、乐器等开展室内娱乐活动时,应采取有效措施控制音量,不得影响他人的正常生活。

 任务指导4.2　完成任务情景4.2中的工作任务。

目的:能够掌握保洁的一般标准。

步骤:第1步,分组,选择区域;

第2步,学习楼内保洁的卫生要点;

第3步,列出检查要点清单;

第4步,到现场检查,记录不合格的地方,最好能用照相等方式记录;

第5步,整理不合格清单;

第6步,每组选择代表汇报;

第7步,老师点评。

技能实训4.2

阅读表4.1《物业环境管理部保洁员绩效考核表》,思考作为一个合格的保洁员应该做到哪些方面?

表4.1　物业环境管理部保洁员绩效考核表

考核项目		工作任务	考核标准	分值
重要工作	1	工作质量	道路、楼梯等公共区域无明显垃圾,楼梯扶手无灰尘、楼梯道无蜘蛛网。发现一处扣一分。	15
	2	成本控制	保洁用品严格控制,在保证质量的前提下节约成本,浪费、自用或送人,超出部分按财务制度执行。	15
基本工作	3	业主投诉	业主投诉率10‰为满分。因工作范围内污迹未及时清理或工作失误,造成业主投诉,每增加5‰,分数则减少1分。	10
	4	执行能力	按时保证质量完成各项任务及上级临时安排的任务为满分,因工作失误未完成任务,扣1分。在执行工作任务中,有重大失误给本部门带来负面影响的,此项为0分。	5
	5	业务技能	专业技能、技术好,能熟练操作保洁工具,保洁质量受到好评者,加2分;反之扣2分。	5
	6	服务质量	服务态度差,被上级及质检人员查出并开罚单一次,扣2分,两次扣4分,五次为0分。	5
	7	部门配合	积极配合本部门及相关部门工作,并完成与之相应的工作。不配合工作者一次扣1分。	5
	8	工作效率	工作一贯积极主动,保证质量、提前完成为满分。偷懒、故意拖延时间,靠同事帮忙来完成工作的,一次扣1分。	5

续表

考核项目	工作任务		考核标准	分值
基本工作	9	礼貌礼节仪容仪表行为规范	注重仪容仪表、礼貌礼节、行为规范,自觉遵守和维护本单位各项规章制度为满分。违规违纪现象两次,纪律观念不强,扣2分。违纪违规被指正时,态度傲慢,扣4分。仪容仪表不达标,礼节礼貌差,一次扣1分。	5
	10	劳动纪律	迟到、早退一次扣0.5分。旷工一天扣2分。请假一次扣0.8分。严禁脱离岗位,杜绝无人值班情况。	5
	11	工具维护	熟悉本岗位工具的各项功能,定期维护、保养各种工具,进行合理摆放。	5
	12	工作责任心	工作责任心强,能及时发现和处理突发事情,认真执行本部门各项规章制度,向上级提出合理化建议者为满分。工作责任心不强,出现问题找借口推脱责任,不能及时处理和发现突发事件,每次扣1分。	5
	13	安全意识	提高警惕,配合秩序维护部做好防火防盗等意外安全事故防范,一次加5分,否则扣5分。	5
	14	职业道德	不挪用公司任何物品,团结同事,顾全大局,讲究职业道德,拾金不昧,杜绝挑拨离间,在公共场合注意形象。因大声争议或发生口角,影响别人者,一次扣2分,不听劝说者为0分。	10
总　分				100

思考练习

(1)物业环境管理的主要内容是什么?
(2)物业环境管理中绿化管理的工具有哪些?
(3)作为小区环境管理部的负责人,应该如何管理小区的环境?

项目三　维保服务

任务情景4.3

假设你是物业公司的维修主管,你管理的范围就是你所在的宿舍楼。现在你的领导要求你提交一份一季度的维修保养计划,请按要求完成。

知识讲解

从广义的方面说,物业的维保服务包括房屋日常维护、房屋的维修、设备的维护和设备的维修。

一、房屋的日常维护

1. 导致房屋损耗的主要因素

①自然因素。包括气候因素、生物因素、地理因素、灾害因素等。自然损坏的速度是缓慢的,但有时是突发的。

②人为损坏。包括使用不当、设计和施工质量低劣、预防保养不善等。

上述因素往往相互交叉影响或相互作用,从而加剧了房屋破损的过程。

2. 房屋维修责任的划分

责任的划分是为了确定物业服务企业、业主和使用人应分别承担的修缮责任和担负维修费用的期限。

①新建房屋自竣工验收之日起,在保修期内由施工单位负责质量保修。

②保修期满后,由业主承担修缮责任的费用。

③凡属使用不当或人为造成损坏的,由其行为人负责修复或给予赔偿。

3. 日常养护原则及分类

房屋日常养护可分为零星养护和计划养护。养护时应遵循如下原则。

①坚持经济、合理、安全、实用的原则。

②采取不同标准,区别对待的原则。

③为用户服务原则。

④有偿服务,使修缮资金投资效果最大化的原则。

二、房屋维修管理

1. 物业维修的特征及意义

物业维修是指物业自建成到报废为止的整个过程中,为修复因自然、人为因素造成的物业损坏,维护和改善物业使用功能,延长物业使用期限而采取的各种养护、维修活动。如,保养护理、破损维修、恢复、改善、装修、装潢、加固等。

(1)物业维修的特征

①具有简单再生产的特点。

②经营性与服务性相统一。

③具有广泛性与分散性。

④具有较强的技术性。

⑤具有明显的限制性。

(2)物业维修的意义

①有利于物业的保值、增值。

②有利于房产经营的顺利开展。

③有利于物业服务公司的发展。

④有利于改善和提高居民生活水平。

2. 房屋维修服务程序

(1)项目收集

小修项目主要通过管理人员的走访查房和业主或住户的随时报修两个渠道来收集。

(2)任务落实

管理人员随时根据房屋维修的计划表和随时发生的急修项目,开列小修单。维修人员凭小修单领取材料,再根据小修单开列的工程地点、项目内容进行施工。管理人员应每天到施工现场,解决施工中出现的问题,检查当天任务的完成情况,安排次日的维修养护工作。

(3)房屋维修管理的实施

①自用部位和自用设备的损坏,由业主自行报修;共用部位和共用设备设施的损坏,由业主或业主委员会成员报修。

②业主报修可采用电话报修和直接报修两种方式。

③物业管理企业接待人员对业主的报修应予以登记,报修接待应为一年365天全天接待。

④节假日和夜间实行水电急修值班制度。

⑤物业管理单位接到报修后,应在规定时间内派维修人员上门查勘或修理。

⑥报修项目修理后,由报修人验收,并在报修单上签字。

⑦维修工作结束后,物业管理公司应及时做好回访工作,查验修理质量和结果。

⑧业主报修项目分为急修项目和一般项目。对急修项目,应在报修后24小时内修理;一般项目应在报修后72小时内修理。

3. 房屋维修日常服务的考核指标

①定额指标:维修服务工人的劳动效率要100%达到或超过人工定额,材料消耗要不超过或低于材料消耗定额。

②经费指标:包括房屋租金和按规定提取的维修基金、小修养护费等,通过不同方式筹集。

③服务指标:走访查房率、养护计划率、养护及时率达到要求。

④安全指标:确保房屋正常使用和工作、住用安全。杜绝死亡事故,负伤事故率小于3‰。

三、房屋室内装饰装修管理

装修管理是物业管理实际操作中的一大难点,装修期同时也是人为造成房屋损坏事故的高发期。对业主二次装修管理的水准如何、到位与否,通常被看做一个物业服务企业成熟与否的标志之一。就房屋的质量状况和破损规律而言,新建房屋在第一年并未达到质量最佳状态(有充分证据显示,房屋在建成后的第三至第五年才逐渐达到最佳状态),房屋并未稳定。此时又恰恰是业主入住后二次装修的集中期,如果违章装修,其危害性非常大。

1. 二次装修管理的工作流程

(1)房屋室内装修申请的受理

业主或使用人在房屋室内装饰装修工程开工前,应向物业服务企业申报登记,填写装修申请表。根据住建部令第 110 号《住宅室内装饰装修管理办法》的规定,进行室内装饰装修申报登记应提交如下资料:

物业所有权证明,申请人身份证,装饰装修方案,装修施工单位资质证明的复印件;变动建筑主体或承重结构的需提交原设计单位或具有相应资质等级的设计单位提出的设计方案;非业主物业使用人对物业进行装修时,还应提供业主同意装饰装修的书面证明;法律法规规定的其他需提交的有关部门的批准文件、设计方案或施工方案。

在进行其他类型房屋室内装饰装修申报登记时,业主或使用人应提交资料参照以上规定执行。进行较大建筑物装修前,业主或使用人须依照消防部门规定的内容和要求进行申报,装修时需提供消防部门的批文。

(2)房屋室内装修申请的审批

①对业主或使用人的装修申请要依据《住户手册》中"装修管理规定"条款进行审核。

A. 检查装修设计是否对房屋结构、外墙立面、共用设施设备造成改动、破坏。

B. 检查装修设计是否有严重的消防隐患。

C. 检查装修设计是否有其他违章情况。

D. 是否签署消防安全协议书。

②装修申请的批准。在确认不会对楼宇安全、共用设备设施正常使用及房屋外观造成不良影响时,给予批准。

③告知注意事项。物业服务企业将房屋室内装饰装修工程的禁止行为和注意事项告知装修人和装修施工企业。按唱诺制要求,就可能发生违章装修的问题,逐条要求住户和装修施工队在《装修施工承诺表》中签署承诺。

④签定装修管理服务协议。装修人和装饰施工企业应与物业服务企业签订《房屋室内装饰装修管理服务协议》,其主要内容包括:

A. 装饰装修工程的实施内容。

B. 装饰装修工程的实施期限。

C. 允许施工的时间。

D. 废弃物的清运与处置。

E. 房屋外立面设施及防盗窗的安装要求。

F. 禁止行为和注意事项。

G. 管理服务费用。

H. 违约责任及其他需约定的事项。

（3）办理开工的一般手续

①住户和施工队到财务部办理缴费手续。住户应缴纳一定数额的装修押金和垃圾清运费，施工队应缴纳一定数额的装修押金和施工人员证件工本费。

②备齐灭火器材，以防火灾发生。

③物业服务企业开通水电，通知住户可进场装修。

④施工期间的管理。物业服务企业应按照《房屋室内装饰装修管理服务协议》实施管理，进行定时、不定时的现场检查。需要特别注意施工项目是否与装修申请一致，装修施工时间、材料的进出口、施工要求、垃圾清运时间、公共环境保洁是否有违约或不当之处，严防装修工人在施工现场留宿，造成安全隐患。

⑤装修施工的竣工验收。工程竣工后，由住户和施工企业负责人共同向物业服务企业提出验收申请。物业服务企业现场对照装修申报方案和装修实际结果进行比较验收。验收合格，签署书面意见，以便装修人办理押金的退还办理，保安部收回施工证，施工队当日清场离开；验收不合格，物业服务企业提出书面整改意见，要求装修人和装修企业限期整改。若发生歧义，报请上级主管部门处理。

住户办理装修手续流程如图 4.1 所示。

2. 常见的违章装修

①擅自开工。

②乱拉电线，私自增加线路负荷或超负荷用电。

③擅自改动燃气线路，安装燃气用具；改动上下水、电线（开关盒）。

④不按指定位置安装空调机。

⑤随意改变窗台、窗框、玻璃、阳台、护栏颜色和格调。

⑥随意改变阳台功能，随意封阳台，装防盗门、网；随意拆除阳台配重墙。

⑦随意拆改墙体，在承重墙、梁、柱上穿孔、削薄、挖槽。

⑧私自开凿楼面层，破坏防水层；堵塞地漏和排水管。

⑨擅自占用公共通道、天台、屋面；擅自在室外加装灯、牌、广告等。

⑩擅自移动消防设施，擅自动火作业，大型建筑不按规定配置灭火器材。

⑪铺装过重的地板材料。

⑫随意丢弃装修垃圾，利用公共部位、场地加工装修材料；随意向窗外抛弃物品。

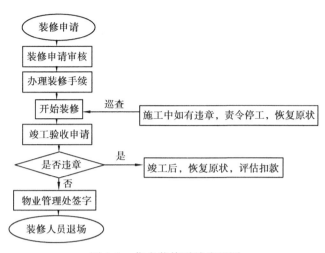

图 4.1 住户装修手续流程图

⑬随意用客运电梯运送装修材料。

⑭不办理施工证,不遵守物业区域内治安管理规定;不按时间施工,制造噪声;装修工人夜间随意在被装修住户家中留宿。

⑮破坏公共绿篱、绿地。

⑯随意安装太阳能设备等。

3.违章装修的处理

装修施工期间,发现违章应立即要求住户停止装修,恢复原状,并视情节轻重灵活处理。

①批评教育,规劝改正。

②责令停工,出具《违章整改通知单》,限期整改。

③责令恢复原状。

④扣留或没收工具(经批准)。

⑤停水、停电(经批准)。

⑥要求赔偿损失(经批准)。

⑦依据规定罚没违约金。

四、物业设备管理

物业设备是指附属于房屋建筑的各类设备的总称,它是构成房屋建筑实体不可分割的有机组成部分,是发挥物业功能和实现物业价值的物质基础和必要条件。

物业设备配套的完善性、合理性与先进性,为人们改善房屋建筑、住用环境提供了一定的物质基础与条件。它影响到居住水平,关系着人们的生活质量。物业设备管理是物业管理的重中之重,管理水平的高低直接反映国家、民族、时代的科技和经济特征,是人类文明的标志。

（1）物业设备管理的意义

物业设备管理是指按照科学的管理方法、程序和技术要求，对各种物业设备的日常运行和维修进行管理。其作用如下：

①是充分发挥房屋住用功能的保障。

②是延长设备使用寿命，保障设备安全运行、发挥设备价值的保证。

③利于推动房屋建筑设备的现代化。

④利于强化物业服务企业的基础建设。

（2）物业设备管理的特征

①服务性功能强。

②经营性特点突出。

③专业性技术要求高。

④综合性强（具有计划性与突然性、集中与分散相结合的特点）。

1. 物业设备的构成

（1）给排水系统

物业给排水系统是指建筑物内部的各种供水、排水、去污等工程设施的总称。它包括如下内容。

①供水设备、设施。按照整个供水环节来看，供水设备、设施可划分为总蓄水池、水泵、分蓄水池、水阀、水表及供水管网等几个方面。

②排水设备、设施。包括排水管道、排污管道、通风管、清通设备、提升设备、室外排水管道、污水井、化粪池等。根据纳污性质，建筑物中的排水管道可分为生活污水管道、生产废水管道、雨水管道等。

③房屋卫生设备。包括浴缸、水盆、小便器、镜箱、冲洗盆、抽水马桶、面盆等不同种类。

④热水供应设备。包括淋浴器、热水管道、热水表、加热器、循环管、冷水箱、疏水器、自动温度调节器、减压阀等。

⑤消防设备。包括灭火器、消防栓、消防龙头、消防泵、喷淋系统和配套的消防设备（如烟感、温感、光感探测器）、消防报警系统、防火卷帘门、防火门、排烟送风系统、防火阀、消防电梯、消防通道及事故照明、应急照明设备等。

（2）燃气系统

燃气系统包括煤气灶、煤气表、煤气管道、天然气管网等。

（3）空调、通风系统

空调、通风系统包括供暖设备、供冷设备和通风设备等。

①供暖设备。有热水供暖和蒸汽供暖之分。包括锅炉、蒸汽喷射器、输热部分（热量的输送管道等）、散热部分（如散热器、暖风机、辐射板等）及辅助设施，如，鼓风机、水

汀片、回龙泵、膨胀水箱、去污器等。

②供冷设备。包括冷气机组、冷水机组、深井泵、电扇、冷却塔、回水泵及输送冷水的管网等。

③室内通风设备。包括通风机、排气口及净化除尘设备等。

(4)电气工程设备系统

该系统包括物业供电、照明及电器控制服务设备和设施。

①供电及照明设备,包括高压开关柜、变压器、低压开关柜及各种温控仪表、计量仪表、配电干线、楼层配电箱、备用电源、电表、各种控制开关、照明设施等。

②电器服务设备设施(弱电设备),包括广播设备、电信设备、电视系统设备、共用天线、电视监控设备和电脑设备等。

③房屋运输设备,即物业内的垂直运输设备,包括:电梯、扶梯。

A.电梯。一般由传动设备、升降设备、安全保护设备和控制设备等组成。

按用途可分为客梯、货梯、客货梯、消防梯及各种专用电梯。

按速度可分为高速电梯(2 m/s 以上)、快速电梯(1.5 m/s 以上)、低速电梯(1.0 m/s 以上)、即多层住宅客梯。

按电机拖动方式分为交流双速电梯、直流快速电梯、交流调速电梯。

按控制方式可分为信号控制电梯、集选控制电梯、微机程序控制电梯、简单手柄控制电梯。

B.扶梯。自动扶梯由驱动装置、运动装置和支撑装置组成。

④防雷及接地装置。有两种方式:针式、栅式。一般防雷设施由避雷针、避雷网、避雷带、引下线和接地极组成。

避雷针的形式可分为单支、双支和多支。

(5)其他设备(建筑实体的一个部分)

其他设备包括库房设备、装饰性设备等。

2.物业设备管理的基本内容

(1)技术档案管理

①物业设备基础资料管理。管理的内容有如下 3 类。

A.设备原始资料。所有设备在接管后均应建立原始资料档案,其内容包括验收文件、设备卡片等。

B.设备维修资料。包括报修单、运行记录、检查记录、运行日报、考评资料、技术革新资料等。

C.设备管理资料。包括设备的运行管理、维修管理等的资料。

物业设备基础资料管理工作的任务是设备技术档案的保管,为设备运行维护、管理提供信息依据。

②标准化管理。管理的标准有两类：技术标准，包括设备的验收标准、完好标准、维修等级标准等；管理标准，包括报修程序、信息处理标准、服务规范标准、考核奖惩标准等。

标准管理的功能是提供共同行为准则和标准，提供基本依据与手段。

③规章制度建设。规章制度建设包括以下三类。

A.生产技术规程，包括设备安全操作规程、保养维修规程等。

B.管理工作制度，包括接管验收制度、预防性计划维修保养制度、运行管理制度、安全管理制度、检修制度、值班工作制度等。

C.责任制度，包括岗位责任制度、记录与报告制度、安全制度、交接班制度等。

④教育培训。包括对物业服务企业内部员工和对业主用户的教育、培训。

（2）物业设备的使用管理

物业设备的使用管理的特点与要求：日常性、安全性、广泛性。

①设备运行的劳动组织。任务：合理分工与协作，配置人力；合理确定劳动组织形式（根据设备操作技术要求与岗位设置要求）。

设备运行的具体工作内容如下。

A.定员（定工作岗位人数）。方法有按设备定员、按岗位定员、按比例定员等。

B.分组。将人员分为强电组、弱电组、水暖组、空调组等。

C.轮班组织。其基本形式有单班制和多班制两种。

②设备运行的管理制度。其内容包括设备的安全操作规程、设备的巡视工作制度、岗位责任制度、值班与交班制度、记录与报表制度、服务制度和服务规范等。

（3）物业设备的安全管理

物业设备的安全管理主要涉及4个方面的工作。

①维修操作人员安全作业的培训与教育内容包括安全作业训练、安全意识教育、安全作业管理等。

②业主和使用人的安全教育和宣传。

③建立设备的安全管理措施。包括对特殊、具有危险性设备加保护装置，定期进行设备的安全检查和性能测试，制订设备的安全管理制度等内容。

④建立安全责任制度。

（4）物业设备的维修养护管理

①日常保养内容包括设备的清洁、润滑、紧固、调整、防腐等。

②检查，包括日常检查与定期检查。

③计划修理。对此，应了解设备磨损的两类原因，即使用损耗、自然腐蚀老化，并由此作好修理计划。

设备磨损大致分为3个阶段。初期磨损阶段，磨损速度快、持续时间短；正常磨损阶段;剧烈磨损阶段。

设备故障的发生也有其一定的规律性,一般分为如下3种。

A.初期故障期。此时必须把握好运输、安装、调试、验收等工作,重点是细致地研究与掌握合理使用和操作设备的方法。

B.偶发事故期。此时的工作重点是加强安全操作管理,做好日常的维修保养。

C.磨损故障期。此时应在零件达到使用期限之前进行更换与修理。因此,这一时期的工作重点是进行预防维修与改善性维修。

任务指导4.3　完成任务情景4.3中的工作任务。

目的:能够撰写工程维修保养计划。

步骤:第1步,每个学生自己单独完成;

　　　第2步,了解宿舍楼的基本情况;

　　　第3步,统计设备清单;

　　　第4步,查找本省市的物业维修保养标准;

　　　第5步,查找范文;

　　　第6步,完成维修保养计划,提交纸质文档。

 技能实训4.3

老师组织学生在给排水实训室进行给排水系统的认识、常见问题的处理方法和常用工具的操作使用等方面的训练。

思考练习

(1)物业维修保养的主要内容是什么?

(2)物业维修保养的工具有哪些,你会使用吗?

(3)作为小区工程管理部的负责人,应该如何管理小区的房屋和设备?

项目四 调解纠纷服务

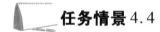

任务情景 4.4

请思考:商铺业主与顾客发生冲突怎么办?

去年12月的一天下午,一位顾客拿着前一天才买回去、第二天就出现质量问题的服装,来到某商城的某商铺要求退货,而商铺主人则以"物已售出"为由,拒不退货。双方各执一词,大有剑拔弩张之势。围观者也跟着起哄,致使事态越发严重。作为物业管理人员,应该如何处理?

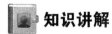 **知识讲解**

一、纠纷产生的主体

物业纠纷涉及物业管理的所有主体,但是常见的需要物业服务企业处理的纠纷主要分为以下几种:

①业主与物业服务企业之间的纠纷。

②业主与业主之间的纠纷。

③业主与开发商之间的纠纷。

二、纠纷的解决途径

在日常物业管理中,常常出现各种各样的纠纷。下面举两个例子。

案例1

某小区的住户刚刚迁入,便收到了物业服务公司的交费通知单。因小区刚竣工,到处堆放着剩余的建筑材料和垃圾,建筑工棚尚未拆除,地面上的一些深坑也未填平。不要说清洁、绿化,住户连起码的进出都不方便。在此情况下,许多住户断然拒绝付款,由此产生纠纷。

案例2

一业主入住某花园后,拒绝签订《公共契约》和《物业管理合同》。他认为房子已由自己买下,无须他人管理。不久他又大肆装修,物业公司以其施工影响他人休息、破坏结构、危及安全为由,加以制止又遭其拒绝,由此产生争议。

上面这些纠纷不管因何种原因产生,总是由于一方或双方的过错引起的。那么,应该如何解决呢? 可以通过以下途径。

1. 协商与调解

协商是指当事人行使自己的合法权利,在法律规定、许可的前提下互谅互让,协商解决纠纷。

调解是指在非仲裁机关和诉讼外的第三人的主持下,房地产纠纷当事人达成协议、解决纠纷。通常在有分歧或纠纷时,由双方协商解决;协商不成的,由双方愿意接受的第三方调解。在调解中双方都可以作适当让步,避免耗时费神、劳民伤财。通常这是解决纠纷最快的途径。但是如果对达成的协商结果或调解结果一方或双方都反悔而拒不执行,仍旧要求助于更强有力的形式。现在每个城市都设有专门的房地产纠纷调解机构。该机构一般代表政府专门负责本地区范围内房地产纠纷的调解工作。

2. 仲裁

仲裁是指房地产纠纷当事人依据他们事先或是事后达成的协议,自愿将其争议提交给双方同意的仲裁机关或仲裁人,由他们依据有关法律和事实作出裁决,以解决纠纷。房地产仲裁机关一般是市(区、县)房地产仲裁委员会,它一般是由市政府信访办、市房屋土地管理局、市规划局、市司法局等有关部门共同组成的。其下设的办公室是仲裁委员会的办事机构。在协商和调解形式没能解决纠纷的情况下,就得申请仲裁或提起诉讼。

3. 法律诉讼

诉讼是指房地产纠纷当事人依法向人民法院提起诉讼,由人民法院依据有关法律和事实作出判决。

当协商和调解失败,又没有选择仲裁或者仲裁裁决被撤销的情况下,符合起诉条件的可以依法提起诉讼。在多数情况下是民事诉讼,有些情况下——对行政仲裁不服的,也可以提起行政诉讼。提起民事诉讼的依照《民事诉讼法》进行,提起行政诉讼的依照《行政诉讼法》进行。

三、纠纷解决的依据

1. 法律法规

尽管中国目前还没有完整、系统的物业管理法律规范体系。但随着物业管理的蓬勃发展,根据实际需要,应尽快出台物业管理法规,以法律形式约束各方面的行为。制定物业管理法律规范的依据主要有 5 个方面。

(1)宪法

宪法是我国的根本大法。宪法的地位和效力在中国法律渊源中居于首位,一切法律、行政法规、地方性法规等都必须根据宪法所规定的基本原则制定,不得和宪法的规定相抵触。宪法中关于住宅、城市管理、经济管理、公民权利等方面的规定及原则是物业管理立法的根本依据和指导思想。

(2)法律

法律是由中国最高国家权力机关——全国人民代表大会和它的常务委员会经过

一定的立法程序制定的规范性文件。它具有权威性、稳定性、严肃性以及效力低于宪法高于行政法规和地方性法规等特点。目前适用于物业管理的中国法律有《民法通则》《经济合同法》《土地管理法》《城市规划法》《城市房地产管理法》等法律中的有关内容。

（3）行政法规

行政法规是国务院根据宪法和法律制定和宣布的规范性文件。涉及物业管理的行政法规有《城市私有房屋管理条例》（1983年12月）等。

（4）地方性法规

地方性法规是由省、自治区、直辖市或全国人大常委会特别授权的市（如深圳市）的人民代表大会及其常委会制定和发布的实施于本地区的规范性文件。如《重庆市物业管理条例》等。

（5）行政规章及其他。

行政规章是国务院主管部门、县以上各级人民政府依照法律规定的权限,制定和发布的规范性文件,包括规定、办法、章程、通知、命令等。目前适用于物业管理的行政规章比较多,如住建部发布的《城市新建住宅小区管理办法》（1994年4月1日）、《城市商品房预售管理办法》（1995年1月1日）、《房屋接管验收标准》（1991年7月1日）,国家计委发布的《城市住宅小区物业管理与服务收费暂行办法》（1996年3月1日）等。

2.《物业服务合同》《业主规约》等约束性文件

任务指导4.4 完成任务情景4.4中的工作任务。

目的:能够处理业主之间的纠纷。

提示:

在商场管理中,时常会遇到商铺业主与顾客因购物而引起的纠纷。矛盾双方往往各不相让,闹得沸沸扬扬。处理时的第一要义自然是迅速控制事态,而后再想办法加以平息。

如情景任务中的情况描述,巡视至此的商城管理处的管理人员拨开人群,上前首先亮明自己的身份,劝双方停止争吵。然后先将顾客叫到一边儿听取陈述,得知事情起因在商品质量上后,让其稍候。接着又与商铺业主谈话,指出其行为既损害自己,也损害整个商城的商誉,若顾客进一步投诉则会产生严重后果。在使其清醒地意识到自己的责任后,业主很快主动让步。旋即再把双方叫到一起,商铺业主首先表示歉意,顾客对其也给予谅解,气氛很快趋于缓和。10分钟后,顾客重新调换了服装,满意离去。商场又归于了平静。

技能实训4.4

阅读以下案例资料,思考调解纠纷的依据有哪些。

开业典礼影响办公环境怎么办?

一家很有商业声望的制药公司进驻某高档写字大厦办公。为了加强对外宣传,该公司计划择吉日在大厦举行规模宏大的开业典礼仪式。届时,公司董事长及有关方面的领导将应邀参加。筹办开业典礼的策划部门负责人准备举办一场富有中华民族特色的舞狮表演,还准备放一些气球。业主已经同意,但大厦管理处考虑舞狮表演锣鼓喧天,势必影响大厦的办公环境,未予批准。策划部门负责人对此非常生气,称开业典礼议程安排已确定下来,现改影响不好;再说业主已经同意,管理处凭什么不批准。为此,策划部门负责人向管理处正式来函投诉。

[**案例分析**]　配合用户做好开业典礼的各方面工作,是物业服务公司与新进驻的用户建立良好关系的有利契机,物业服务公司一般对此都极为重视,倾全力相助。但本案例中的用户安排的舞狮表演的确会对大厦的办公环境产生不利影响,因此管理处不予批准的做法是对的,理应坚持。但问题的关键在于既要坚持原则,又不能损伤与用户的合作感情,如何找出两全其美的策略?

管理处首先应该表明要尽所能地配合用户做好开业典礼的积极态度,让用户清楚管理处不是有意为难,而是为了绝大多数用户和维护大厦形象的整体利益,不得已而为之,求得用户的理解、支持。另外,还要向用户介绍、讲解物业管理的有关规定,说明不予批准是有所依据的。当然,如果能在用户入住时就询问用户的要求,讲明大厦的有关规定,如开业典礼怎样申请、管理处有哪些要求、管理处能够提供的服务等,那效果就会更好了。

[**解决方法**]　接到用户函件投诉后,物业管理处的上级公司非常重视,由公司主管出面,与用户进行沟通。在沟通中,公司主管首先表明公司及管理处愿意积极配合用户办好开业典礼,管理处将在大堂设立欢迎标志和引导标志,安排保安人员、保洁人员协助维持现场秩序和清洁,还同意用户使用大堂做开业讲话。但由于典礼安排在办公时间,而且是在大厦的公共场所,必定会严重影响大厦其他用户的正常办公,因此,尽管业主同意舞狮,考虑其他业主可能会出现的不愉快反应,舞狮计划仍不能批准。再者,如果开此先河,其他用户纷纷效仿,大厦今后的办公环境将无法保证,用户本身以后也将身受其害。同时,在恰当的时机,公司主管还委婉地提示用户,管理处不予批准的依据就是《大厦用户手册》,用户应该遵守执行,而不应明知故犯。

在公司主管有理、有据、有节的沟通说服下,策划部门负责人心悦诚服地接受了公司主管的劝说,放弃了舞狮计划。

相关法规政策《××大厦用户手册》(节选)

前 言

本手册特为阁下作为××大厦业主、用户而编制,内容包括有关××大厦使用须知和管理守则及规定,望各业主、用户遵行。

请妥善保存本业主手册,以便阁下雇员能够随时取阅,手册的索引已经细心安排,以便你们能够很快翻查所需要的资料。

因为管理规定会因时而变更,内容亦将及时修改。本公司将会按时通知你们有关条例的改变及提供新修订的部分给你们更换。

如阁下对本手册的内容有任何疑问,或有任何增减的建议,请随时与本公司联系。

借此机会,××物业服务有限公司全体员工欢迎阁下加入××大厦行列,并预祝阁下生意兴隆,万事如意。

××物业管理有限公司
年 月 日

附录:常用资料

一、××物业服务有限公司简介

……

六、业主、用户守则及责任

……

4.招牌。除原已获批准的招牌外,不得摆放、陈列其他宣传物品于墙身或公共地方、铺门及橱窗或外墙上。除此之外,业主用户须遵守下列规定。

(1)所有临时招牌须为专业印制。例如,手写、荧光笔或油剂水笔所画的概不批准(经油印而加上色彩的招牌不会被视为专业制作);

(2)宣传横幅不得悬挂于距橱窗内面67 cm内的地方,同时,横幅不得妨碍铺内的视线;

(3)自立式招牌应放置于店铺/房间营业范围内;

(4)不得张贴任何招牌于店铺/房间的门上或橱窗上;

(5)信用卡标记及其他宣传招贴纸不得贴于店铺/房间的门或橱窗上;

(6)所安装的招牌不能妨碍店铺保安的出入及妨碍保安的视线;

(7)所有招牌均需先获管理公司的批准,方可安装。

……

8.宣传推广

××市××物业服务有限公司设有推广宣传部,于各大节日期间统一为××市×

×大厦策划及安排宣传推广活动,以吸引更多的顾客前来购物。如个别业主、用户自我安排推广宣传活动,请与管理公司联系(电话:××××××××)。

9. 宣传单派发及消费调查等

未经管理公司批准,在任何情况下,不得在大厦内外派发宣传单及进行调查、招聘员工等事项。

10. 音乐、灯光、气味等事项

所有业主、用户须遵守下列各项:

(1)铺内所播放的音乐的音量须调低至商铺/房间外不会听到的水平(包括电视、音响系统及其他器材播放的音乐);

(2)店内间灯不可于店铺外看到;

(3)不得于商铺/房间内或附近地方放置散发刺激性气味的物品。

11. 清点盘存

所有业主、用户于非开放时间清点存货。

12. 假冒伪劣产品

业主、用户必须搞清商品的产地及供应渠道,杜绝假冒伪劣产品的出售,否则,市工商局将会采取适当行动。

13. 饲养宠物

任何时间在店铺/房间内不得饲养宠物。

14. 竖立天线

未经管理公司的书面许可,不得在大厦内外竖立天线。

15. 睡觉

业主、用户及其雇员不得于店铺内过夜或做住宅之用。

16. 煮食

业主、用户不得于店铺内煮食或用作食品制作。

……

思考练习

(1)根据涉及主体,物业纠纷分为哪几种?

(2)物业纠纷解决的途径有哪些?

(3)物业纠纷解决的依据有哪些?

项目五　延伸服务

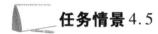

任务情景 4.5

请以二手房购房者的身份,在学校所在地周围选择 5 个楼盘,并前往其物业服务中心进行二手房置业咨询。

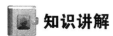

知识讲解

延伸服务,即物业服务企业开展的综合经营服务。

一、开展延伸服务的意义

1. 增加物业服务企业的收入

物业管理经费是搞好物业管理的物质基础。从目前物业管理行业的经营状况来看,仅依靠物业管理与服务费收入,大多数物业管理只能维持简单再生产,尚不足以实现扩大再生产。因此,物业服务企业不能只依赖收缴物业管理与服务费求生存,必须独立走向市场,开辟新的创收渠道,靠开展多种经营弥补物业管理经费的不足。要在政策允许的范围内,"一业为主、多种经营"。在物业管理特别是住宅类物业管理处于微利甚至亏损的情况下,综合经营服务能够为物业服务企业开辟财源、弥补亏损。可以说,推动物业服务企业开展综合经营服务的直接动力是增加收入。

2. 提高物业服务企业的经营管理水平

业主的需求是一种可以开掘的资源,其中蕴含着不小的商机。物业服务企业应该"近水楼台先得月",而不应忽略或浪费这个潜在的市场资源。综合经营服务项目的边界是开放性的,与常规服务相比,可以不断扩展和创新,形成富有特色的项目组合,其获利的前景非常广阔,企业也可在项目运作中得到锻炼。"以业养业"能够培养物业服务企业的造血功能,也能减轻业主的负担,使得物业服务企业长期稳定发展,还能间接促进企业主管业务水平的提高,增强物业服务企业的后劲和活力。

3. 为业主和使用人提供尽可能全面的服务

随着人们生活方式的进步、生产和工作的专业化与家务劳动的社会化、精神文化需求的多样化,物业管理要向家庭延伸、向业主身边延伸、向人性化服务方向发展,要在常规服务的基础上提供更高层次的服务享受与便利。物业的配套设施是否完善、是否方便使用,已经成为衡量物业项目管理水平、决定物业能否保值的一个非常重要的方面。物业综合经营服务项目的设立和运营,不仅能解除业主生活和工作中的后顾之忧,提高业主的生活质量,改善他们的生活、工作环境,而且还能提升物业项目的知名度、增大项目的吸引力。总之,除经济效益以外,综合经营服务还具有显著的社会效益。开展综合经营服务能使业主和使用人得到多层次、多项目、全面周到的服务,是物业管理的发展方向,也是物业管理工作中不可或缺的重要内容。

二、开展综合服务项目的原则

1. 选择综合经营服务项目的原则

①日常生活类项目优先。

②消费周期短、使用频繁的项目优先。

③易损、易耗品项目优先。

④物业服务企业优势特色项目优先。

⑤中介服务项目优先。

2. 综合经营服务项目的布局原则

①适当集中布置,使使用人一次出行能接受到多种服务,满足多种要求,方便使用。

②布局位置要符合人流走向。使用人日常频繁光顾的设施应当布置在物业管理区域出入口处,以方便使用人在进出大门时利用。

③尽量缩小服务半径,为使用者节省时间、缩短距离,方便服务对象的使用。

④不能扰民,不能影响物业管理区域内部的整齐、宁静,产生噪声、气味、废弃物的项目要与居住建筑或写字楼保持足够的距离,以防互相干扰。

⑤条件允许时,尽量选择能够兼顾区内和区外的门户位置,以便增加客流量。

三、开展综合经营服务的注意事项

1. 经营方式

物业服务企业是综合经营服务的组织者,应该改变过去仅仅是把经营性用房出租出去、坐收租金的简单做法,应自主开展多种有偿收费服务项目,争取实现利润最大化。物业服务企业要用经济手段来管理物业,通过有偿服务、多种经营来保证企业的资金平衡和企业的经济效益。为此,企业的管理者要通过各种方法降低管理成本,要积极开拓经营渠道、增加收入。从企业发展战略来看,物业服务企业不仅可以通过多种经营来取得经济效益,而且业务范围的拓展也可以帮助企业分散经营风险。

综合经营服务的开展要实行企业化管理。物业服务企业可以利用自身的人力物力去运作经营项目,但是根据专业化的原则,物业服务企业更应该将综合经营服务项目以合同的形式发包给专业企业、承包商去运营,以减少人员和办公经费开支,提高效率和服务水平。将项目外包出去后,物业服务企业管理人员的主要工作就是按照合同进行管理、协调、监督与考评。在承包商的选择问题上要引入竞争机制,可以采取招标的方式,面向企业内部或面向社会公开招标,选择最佳的合作伙伴。

2.收费问题

综合经营服务项目运营中的收费是很敏感的问题,需要谨慎处理。需求以收入为基础,服务以需求为基础,价格以服务为基础。不同收入水平产生不同层次的要求,设施和服务的收费水平与业主的收入水平应相适应,收费标准以"成本＋劳务费"计算,使服务对象感到物有所值。对中低收入的业主可提供生活必需、保本微利的服务项目;对收入较高、追求生活舒适、消费观念较新的客户群,可提供利润率较高、时尚超前、享受型的服务项目。无论是物业服务企业自身定价还是承包经营商定价,都应该注意分层次提供服务、分档次收取费用。原则上服务价格应由提供服务的单位确定,而业主和使用人有自由选择权,因此双向选择的结果只有质价相符、公平合理的收费标准才能够被双方接受。物业服务企业的管理部门应作为客观中立的第三方对承包商起到监督作用,严格掌握服务收费标准,杜绝乱收费现象。对业主的举报要及时调查处理,必要时向物价部门反映。

3.正确分析优势和劣势

(1)优势

直接面对消费者,设施就近、便利、可达性好、使用频繁,易于与顾客建立长期稳定的联系,在培养忠诚消费者方面有天然的优势。

(2)劣势

投资较少,项目规模比较小,市场集中度低,不容易实现规模经济,和大型公共性商业服务企业相比,专业性差,不直接面对激烈竞争,服务水平提高慢。

物业服务企业的劣势也不是不可以克服的。只要加强经营意识,努力开拓,物业服务企业也有希望成为跨行业、跨地区的大型服务企业。

4.考虑相关规定

《中华人民共和国城市房地产管理法》规定,房地产开发必须严格执行城市规划,按照经济效益、社会效益、环境效益相统一的原则,实行全面规划、合理布局、综合开发、配套建设。

国家标准《城市居住区规划设计规范》(GB 50180—93,2002年修订)也规定,居住区的规划设计,应遵循统一规划、合理布局、因地制宜、综合开发、配套建设的原则。居住区公共服务设施(也称"配套公建"),应包括教育、医疗卫生、文化体育、商业服务、金融邮电、社区服务、市政公用和行政管理及其他八类设施。居住区的配建设施必须与居住人口规模相对应,并应与住宅同步规划、同步建设和同时投入使用。其配建设施的面积总指标,可根据规划布局形式统一安排、灵活使用。居住区配套公建各项目的规划布局,应符合下列规定。

①根据不同项目的使用性质和居住区的规划布局形式,应采用相对集中与适当分散相结合的方式合理布局。应利于发挥设施效益,方便经营管理、使用和减少干扰。

②商业服务与金融邮电、文体等有关项目宜集中布置,形成居住区各级公共活动中心。在使用方便、综合经营、互不干扰的前提下,可采用综合楼或组合体形式。

③基层服务设施的设置应方便居民,满足服务半径的要求。

④配套公建的规划布局和设计应考虑发展需要。

此外,《城市居住区规划设计规范》规定,居住区内公共活动中心、集贸市场和人流较多的公共建筑,必须配建公共停车场(库)。

任务指导4.5　完成任务情景4.5中的工作任务。

目的:了解物业公司在二手房租售方面的工作做得如何。

步骤:第1步,列出你对二手房的要求;

第2步,根据你的置业要求,选择5个楼盘;

第3步,到现场进行置业咨询;

第4步,完成表格的填写。

物业公司二手房代理调查表

完成人:　　　　　　　　　　　　　　　　　　　　完成时间:

序　号	楼盘名称	物业公司名称	是否代理二手房	是否可以带领看房	是否收取费用	如何收取费用	二手房源是否充足
1							
2							
3							
4							
5							

技能实训4.5

阅读表4.2《延伸服务项目示例》,并从中选择一项进行项目的可行性分析。

表4.2 延伸服务项目示例

类　别	具体项目
商业类	便利店、超市、药店、菜场、摄影及照片洗印、加油站
餐饮类	餐馆、快餐店、茶室、酒吧、学生"小饭桌"
生活服务类	洗染店、干洗店、服装加工店、美容美发室、公共浴室、洗车、汽车美容、净菜加工点、主食加工点、半成品加工点、接送小孩上下学、代聘家教
文化娱乐类	书店、音像制品店、报刊亭、打字复印店、健身房、老年活动室、儿童活动中心、旅行社报名点
教育类	托儿所、幼儿园、老年大学
医疗保健类	社区医院或诊所
商务类	商务中心、代购车(机)票、代办商务以及住户委托的其他服务项目
维修类	家电、汽车、自行车及各类生活用品的维修服务
房地产中介代理类	房地产咨询、估价、中介服务,代理房屋买卖、租赁,从事建筑室内装潢装饰设计及工程施工等
家政类	代请保姆或钟点工、看护病人、订送报刊、为居民代管房屋、预约定期上门清扫室内卫生、代办购物
金融邮电类	与有关部门合作,开办金融门市或邮电网点
环保物资回收	物资回收站、旧书报刊回收销售

思考练习

(1)物业延伸服务的目的是什么?

(2)物业延伸服务项目的确定需要考虑哪些因素?

(3)你所熟悉的物业服务企业有哪一项延伸服务做得很成功? 请详细说明。

模块五　各类物业的管理与服务

教学目标：

能力要素	实际操作标准	知识要求
认识住宅小区的管理与服务	知道住宅小区物业特点与管理要求 知道如何组织实施住宅小区的物业管理	住宅小区的概念 住宅小区的物业管理特点、内容及管理要求 住宅小区管理的原则 组织实施住宅小区物业管理的主要方面及标准
认识写字楼的管理与服务	知道写字楼物业的分类、特点与管理要求 知道如何组织实施写字楼的物业管理	写字楼的概念、分类、特点及管理要求 写字楼使用前的准备工作 写字楼物业管理中的商务服务、前台服务、设施设备管理、安全管理服务、环境保洁和绿化服务及租赁服务
认识商业场所的管理与服务	知道商业场所物业的分类、特点与管理要求 知道如何组织实施商业场所的物业管理	商业场所的概念 商业场所的分类、特点及管理要求 商业场所管理中的安全保卫管理、消防管理、环境保洁及绿化管理、车辆管理、房屋及附属设备设施管理、建立企业识别系统及销售者的选配
认识工业区的管理与服务	知道工业区物业的分类、特点与管理要求 知道如何组织实施工业区的物业管理	工业区的概念 工业区物业的分类、特点及管理要求 工业区的管理制度、厂房和仓库公用部位的管理、设备设施的管理、环境管理及安全管理
认识其他物业的管理与服务	知道其他物业的分类与管理	其他物业的主要分类 酒店物业管理 医院物业管理 学校物业管理

教学内容：

项目一　住宅小区物业的管理与服务

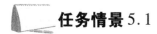 **任务情景** 5.1

老王是某住宅小区物业服务公司的经理,他应该从哪几个方面开展小区物业管理工作?(可以指定学生比较熟悉的住宅小区)

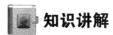 **知识讲解**

一、住宅小区概念

住宅小区是指按照城市统一规划进行综合开发、建设,达到一定规模,基础设施配套比较齐全,相对封闭、独立的居住区域。

二、住宅小区物业的特点、内容及管理要求

1. 住宅小区物业的特点

(1)以居住功能为主,相对封闭、独立

居住是住宅小区的主要功能,小区相对封闭,居民集中居住。小区内设施都是为让小区居民居住便利而设计、构建的。小区的房屋是以住宅为主体,并与相应的各种服务用房、锅炉房、区内的建筑小品、道路、绿化等配套建设组成统一的、相对封闭的整体。

(2)人口密度高,人口结构复杂

住宅小区建筑物密度大,居民来自祖国各地、各行各业,形成了人口密度大、结构复杂的特点。在住宅小区内,多数居民是以家庭为单位居住,人口年龄结构涵盖了各个阶段。住宅居民在职业特征、文化素养、传统习惯、生活方式等方面都有各自的特点,他们长期集中居住在一起,使小区有明显的现代社会性。

(3)产权归属多元化,使用功能多样性

住宅小区的面积大、人口多,城乡居民都可以通过合法手段住进小区。一个住宅小区由众多的具有个人产权的房屋组成,因此就使小区产权结构出现归属多元化的特点。住宅小区都是经过整体规划、合理布局、综合开发、配套建设而成,以楼宇为主体,配有商业、文教、卫生、服务、金融、邮电、治安、行政等各类机构,能够满足人们日常生活和工作的各类需求。

2. 住宅小区物业管理的内容

(1)住宅小区居住设施管理

住宅小区物业服务公司根据物业管理合同,负责住宅小区房屋及附属设施设备的管理。管理重点在共有、共用部分,主要包括房屋及配套设备设施的档案管理,房屋及设备设施使用、运行状态的监控、维修养护管理,房屋及设施设备安全状态、更换、使用年限的管理,业主或者使用人房屋专修管理等。

(2)居住环境的管理

居住环境的管理主要包括保洁、绿化、安全保卫、消防管理、停车及道路管理、灾害预防、社区文化建设等。

(3)综合经营服务

物业服务公司可以根据自身条件和业主的需求,设计开展一些便民经营服务项目,如,开设商店、家政服务、干洗店、家电维修、房屋装修等项目。

3. 住宅小区的管理要求

(1)硬件上

做好基础设施管理工作,搞好公共设施设备的维护保养,消除安全隐患,提供一个安全、和谐的居住环境。做好保洁和绿化工作,创造优美、舒适的居住环境。提供方便、快捷的便民服务,合理收费。

(2)软件上

搞好文化建设,形成独特的社区文化,丰富居民的业余文化生活。搞好制度建设,建立一套运行有效的管理机制,充分发挥业主委员会的作用,搞好物业管理工作。

三、住宅小区物业管理的具体实施

1. 住宅小区物业管理原则

(1)以"业主至上,服务第一"为原则

住宅小区物业服务公司最基本的职能就是为小区业主提供舒适、安全、良好的居住环境,服务的对象是众多的业主,根据业主的需要提供高质量的服务。因此物业管理人员必须将"业主至上,服务第一"作为首要原则。

(2)以"实现社会效益及经济效益双赢"为原则

住宅小区物业管理必须首先有利于社会的繁荣发展,有利于社会主义精神文明建设,满足社会发展对住宅小区物业管理的要求。住宅小区物业服务公司必须为小区居民创造文明和谐的人文环境,促进社会的繁荣与发展,实现社会效益。同时,物业服务公司应该发挥小区物业的最大使用价值,并且使小区固定资产保值、增值。发挥企业自身潜能,压缩管理成本,依靠科技进步、提高管理水平和服务水平,进行合理的成本核算,实现企业自身和小区物业的经济效益,最终达到社会效益和经济效益的双赢。

（3）以"统一管理，合理收费"为原则

现代住宅小区体系完整，是由各个组成部分形成的统一整体。因此，对小区内的公共设施维护、保洁、绿化、安保、车辆及业主房屋装修等进行统一的管理，是现代小区物业管理的重要原则。而针对住宅小区内的服务收费，应当遵循"合理、公开及费用与服务水平相适应"的原则，让业主能够接受并且感觉物有所值。

2. 住宅小区物业管理的具体实施

根据建设部颁布的《全国物业管理示范住宅小区标准及评分细则》及中国物业管理协会制定的《普通住宅小区物业管理与服务等级标准》等法律法规和规定，住宅小区的物业管理实施应大概从基础管理、房屋管理与维修养护、共用设施设备管理、安保、消防、车辆管理、环境卫生、绿化管理、精神文明建设等几方面入手，具体实施细则如下。

（1）基础管理

①有健全的物业管理机构，并设有固定的办公场所，建立健全各项管理制度、制订岗位工作标准，完善房屋及公用设施设备档案资料管理制度，依照物业管理合同对小区实行经营管理和有偿服务，物业服务企业主要管理人员和骨干应当通过专业培训，持证上岗。

②小区应当设置宣传栏（板），公示本小区主要管理人员照片、姓名、职务、责任范围，物业服务内容、服务标准、收费标准、报修电话等内容。

③物业管理人员统一着装、佩戴标志，行为规范、服务主动热情，工作场所应当公示营业执照、资质证书、收费许可证、特约服务收费标准。

（2）房屋管理与维修服务

①根据房屋的使用年限定期检查房屋的共用部分的使用状况，属于大、中范围的维修要及时编制维修计划和住房专项维修基金使用计划，根据业主大会的决定组织维修。

②房屋外观完好、整洁，外墙面砖、涂料等装饰材料无脱落、无污迹。

③无违反规划私搭乱建，无擅自改变房屋用途等现象。

④小区主出入口设有小区平面示意图，主要路口设有路标，各组团、栋及单元（门）、户和公共配套设施、场地设有明显标志。

⑤房屋及共用设施设备档案资料齐全，分类成册，管理完善，查阅方便。

⑥封闭阳台统一有序，除建筑设计有要求外，不得安装外廊及户外防盗网、晾晒架、遮阳棚等，房屋装饰装修符合规定，未发生危及房屋结构安全、拆改管线和损害他人利益的现象。

（3）共用设施设备管理

①共用配套设施完好，无随意改变用途现象。

②共用设施设备运行良好,定期保养和检修,保养和检修记录完整。专业技术人员和维护人员严格遵守操作规程与保养程序。

③供水设备运行正常、设施完好,无渗漏、无污染,二次供水有严格的保障措施;排水、排污管道通畅,无堵塞外溢现象。

④电梯 24 小时运行正常,安全设施齐全,无安全事故,制订有出现故障后的应急处理方案;在东北、华北、西北地区,冬季供暖室内温度不低于 16 ℃。

⑤小区道路平整,主要道路及停车场交通标志齐全、规范;路灯、楼道灯完好率不低于 80%。

(4)安保、消防、车辆管理

①小区基本实施封闭式管理。

②有专业的保安队伍,实行 24 小时值班及巡逻制度。保安人员有明显标志,熟悉小区环境,工作规范、文明执勤。

③容易危及人身安全的设施设备有明显警示标志和防范措施;消防设施设备完好,可随时启用,消防通道畅通,制订有消防应急方案。

④机动车停车场制度完善,管理责任明确,车辆进出有登记;非机动车车辆管理制度完善,按规定位置停放,管理有序。

(5)环境卫生管理

①环卫设备完善,设有垃圾箱、果皮箱、垃圾中转站等。

②生活垃圾日产日清,单元门洞口、垃圾箱(筒)周边无垃圾撒漏。

③垃圾临时放置点、垃圾箱(筒)无异味。定期消毒防止蚊、蝇、虫滋生。

④房屋共用部分保持清洁,楼道内堆放的杂物、张贴的通知和广告等及时清理,楼梯护栏、天台、公共玻璃等保持洁净。

⑤雨、雪后及时清理道路,保障业主、使用人通行方便、安全。

⑥无违反规定饲养宠物、家禽、家畜,排放油烟、噪声等,符合国家环保标准。

(6)绿化管理

①小区内绿地布局合理,花草树木与建筑小品配置得当。

②绿地无改变使用用途现象及堆物、堆料、搭棚等占用现象。

③树木生长正常,死苗、死树及时更换、补种,绿篱生长正常,及时进行修剪,草坪无大面积人为损坏和荒芜。

④根据植物病虫害的防治要求,及时进行病虫害防治。

(7)精神文明建设

①开展有意义、健康向上的社区文化活动。

②创造条件、积极配合、支持并参与社区文化建设。

（8）管理效益

①提供便民有偿服务，开展多种经营。

②物业管理与服务费用收缴率较高。

任务指导5.1　完成任务情景5.1中的工作任务。

目的：分析出住宅小区物业管理的重点。

步骤：第1步，上网查找住宅小区物业管理方案；

　　　第2步，归纳住宅小区的管理特点和要求；

　　　第3步，找出住宅小区管理的重点。

技能实训5.1

阅读下面的新闻，组织一场辩论赛，辩题为"住宅小区里能不能开公司"。

"外面的人跑到我们住宅楼里开公司，反过来还要我们支付电梯费，你说说这是什么道理？"昨天，杭州市现代雅苑的一位业主向早报反映，小区内的一些住房被出租给外面的人开公司，引起小区居民的普遍不满。业主们多次集体质问小区物管："住宅楼里可以随意改变性质用来开公司吗？""闲杂人员进进出出，小区安全怎么保障？电梯费今后怎么分摊？""住在杭州"网站上，现代雅苑论坛的口水仗打得十分激烈，业主们据理力争，不依不饶；而小区物管费尽口舌解释，显得万般无奈。据杭州市某工商分局负责人透露，在该局注册的公司有60%～70%都选在住宅楼办公，这些公司看中的是在小区里开公司的诸多便利，如，不会受到夜间关门时间的限制、电梯不会停开等。更重要的是，小区住宅楼的租金远低于写字楼，再加上杭州还在上涨的房价，使得商务成本越来越高，所以小区里的公司也就越开越多。

现代雅苑是杭州的新建小区，交付使用后，业主们发现越来越多的住宅摇身一变成了公司，其中有网络公司、进出口公司、汽车服务公司、印刷公司等。

业主向物业服务公司抗议：为什么当初物业入住手册明文规定住宅不能出租开公司，现在却一个接一个地开出来；缴纳物业管理费时，其他业主却仍按原来的标准分摊电梯费，这样很不公平。和现代雅苑的业主们一样，腾龙阁小区的业主们也对小区里的公司很是头疼。腾龙阁原业主委员会林主任告诉记者："整幢楼每天乱哄哄的，中午在家睡觉，公司的客户摸不清门牌乱按门铃。还有顶楼的露台，平时我们用来晒被子，结果一家做茶叶生意的公司把茶叶拿到露台去晒，占了大半个楼顶。"业主最头疼的是电梯使用问题。林主任拿出一个统计表，上面密密麻麻登记着腾龙阁每层楼进驻公司的名单，共31家。业主委员会曾连续一个月调查电梯的使用情况，结果使用频率最高的是一家公司，每天平均使用电梯236人次，而普通住户一天最多只有10人次，可电梯的维护费却是所有业主平摊。

"住在杭州"网站上一位网名叫"S"的现代雅苑业主是杭州市工商局经检支队的稽查人员,他家所在的住宅小区开了30多家公司,但是因为那些公司的执照都办出来了,他也无能为力。S说,住家和公司出同样的电梯费,很不合理。现在小区大多使用国产电梯,十几年后必定大修或更换,在这期间一些公司也许早关闭了,那这笔几十万元的费用谁来承担?

对于业主们的强烈抗议,小区物管是什么态度呢?记者采访了现代雅苑小区物管处主任董伟民。董伟民说,公司进小区已是一个普遍现象。因为房子出租给公司的租金远高于出租给个人,而住宅区的租金又远低于商务楼,水电费、宽带费等也是按民用价格收取,所以出现了小区里公司越开越多的现象。但目前杭州市还没有出台具体的法规或政策明文限制公司进小区,所以物管也无能为力。董伟民说:"其实物管也是反对公司进小区的,每天进出人员太杂,增加了安全隐患。人流量增大,无形中也增加了我们的管理难度。"目前物管能做的只能是拒绝给进小区的公司出具任何证明,但开公司的人还是会想办法走街道这个"缺口"。而一些街道为了完成招商引资任务,往往大开绿灯。只要公司按程序办了租赁证、营业执照等手续,物管是没有权力去干涉的。

至于电梯费分摊问题,董伟民说目前只能和业主协商了。杭州市物价局对这种情况的电梯费如何分摊还没有明确规定,物管也很难做。一些住户为此拒交管理费,直接影响了物业公司的服务质量,还使其他住户的利益受损。董伟民认为,小区开公司带来的种种问题要想得到根本解决,最好是地方政府能像上海一样出台一个政策,明令禁止公司进小区。

思考练习

(1)住宅小区的概念是什么?
(2)住宅小区物业的特点、内容及管理要求是什么?
(3)住宅小区物业管理组织实施的主要方面有哪些?

项目二　写字楼物业的管理与服务

任务情景5.2

老王从住宅物业服务公司跳槽到写字楼物业服务公司,请思考他的工作内容有什么变化?

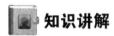 **知识讲解**

一、写字楼的概念

写字楼是指国家机关、企事业单位用于办理行政事务或从事业务活动的建筑物，其使用者包括营利性的经济实体和非营利性的管理机构。它是随着经济的发展，为满足公司办公、高效率工作的需要而产生的。

二、写字楼物业的分类、特点及管理要求

1. 写字楼物业的分类

（1）按建筑面积划分

① 小型写字楼，建筑面积一般在 1 万 m² 以下。

② 中型写字楼，建筑面积一般在 1 万 ~3 万 m²。

③ 大型写字楼，建筑面积一般在 3 万 m² 以上。

（2）按使用功能划分

① 单纯型写字楼，基本上只有办公一种功能。

② 商住型写字楼，具有办公和居住两种功能。

③ 综合型写字楼，以办公为主，同时也具备其他多种功能，如公寓、餐厅、商场、娱乐厅等。

（3）按现代化程度划分

① 非智能型写字楼，也就是自动化程度较低的普通写字楼。

② 智能型写字楼，通常包括通信自动化、办公自动化、大楼管理自动化、建筑设备自动化等功能。

（4）按综合条件划分

① 甲级写字楼，具有优越的地理位置和交通环境，建筑物的物理状况优良，建筑质量达到或超过有关建筑条例或规范要求。有完善的物业管理与服务，包括 24 小时的设备维修与安保服务。

② 乙级写字楼，具有良好的地理位置，建筑物的物理状况良好，建筑质量达到有关建筑条例或规范的要求，但建筑物的功能不是最先进的。有自然磨损存在，收益能力低于新落成的同类建筑物。

③ 丙级写字楼，物业使用年限较长，建筑物在某些方面不能满足新的建筑条例或规范要求，建筑物存在较明显的物理磨损和功能陈旧。但仍能满足低收入承租人的需求，租金低，尚可保持合理的出租率。

2. 写字楼物业的特点

（1）规模大、功能齐全

现代化的新建高档写字楼建设规模越来越大，少则几万平方米，多则十几万、几十

万平方米。现代化的高档写字楼功能齐全,不仅有设备层,在地表、地下设有停车场,而且设计有能为业主和客户提供会议场所、商务中心、餐饮、娱乐、购物、外币兑换、储蓄、邮电等服务的设施以及其他特约服务。

（2）建筑档次高,设备设施先进

目前大中城市新建的写字楼一般都有较高的档次,其主要建筑材料和主要设备设施大都是进口的,造价昂贵。写字楼的智能化水平都较高,安装的设备设施先进,供电系统大都设有三路电源供电,同时自备小型发电系统作为急用电源,确保正常、安全供电。另外,还装有闭路电视等监控系统,大厦设计有中央空调等。

（3）客户作息时间集中,办公单位集中,人流密度大

写字楼客户的作息时间比较集中,其中上下班时间人流集中,非办公时间则人去楼空。有的写字楼聚集着几十家甚至上百家单位,其中大部分是贸易、金融公司,成为一个区域性经济贸易中心。每天有上千人在写字楼内上下班,加上来往的客户、酒家、歌舞厅的客人,日平均人流量约为数千人次,人口密度很大。

（4）设备复杂,管理难度大

为保证用户各方面的需求,写字楼装备完善,致使管理难度加大。通常包括以下几部分系统:给排水系统、供电系统、中央空调系统、保安系统、消防系统、电梯系统、通信系统、照明系统、自控系统、备用发电机组系统等。

（5）地段交通便利,配套设施齐全

写字楼的位置一般选在显著的、交通便利的地段上,对外交通便捷。且写字楼对周围的配套设施要求较高,一般要求有足够的停车位,有与办理事务紧密相关的机构和服务设施,如政府相关的办事机构、银行、保险机构、邮局、打字复印、餐饮、宾馆、酒店等。

3. 写字楼物业的管理要求

（1）保证楼内设施设备运行正常,确保楼内外通信畅通

写字楼内办公人员众多,电脑、打印机、复印机、传真机、通信设备等各种办公设备全天使用,因此,必须保证供电系统的正常运行,否则,将直接影响楼内办公人员的工作效率。同时,电力供应的中断将会给客户带来巨大损失,导致客户的投诉或索赔。

由于写字楼内人员众多,为了给客户提供一个舒适的工作环境,消除病菌从空调通风管道进行传播的可能性,应定期对空调系统风道进行消毒,保证楼内的温度、湿度和空气质量符合国家的相关标准。

为了保证楼内办公人员正常的生活用水,必须对楼内的给排水系统设备进行定期的维修养护及按时对生活水箱进行清洗消毒,以保证楼内办公人员的用水安全。

对于高层写字楼来说,电梯是最重要的交通工具,倘若电梯出现故障,将会给楼内办公人员出行带来很大的不便。因此,必须制订严格的运行保养制度,通过合理的运

行和科学的养护,提高电梯运行的安全性,确保楼内办公人员的正常使用。

保证楼内与外界通信渠道的畅通,是现代化智能写字楼物业管理的重要任务之一。在当今的信息社会,信息的交流及信息的获取是至关重要的,是带来巨大经济效益的前提。应通过对楼内通信设备日常及定期的维护,保证写字楼内通信系统设备的安全运行,以满足楼内办公人员的使用需求。

(2)提供安全保障,常备不懈

写字楼内的消防工作非常重要,一旦发生火灾,后果难以想象。因此,物业管理工作中除了要保证消防设备设施的完好和消防渠道的畅通外,还要消除火灾隐患,加强写字楼内的装修管理、加强员工及用户的消防宣传教育工作,做到消防工作常备不懈。必须加强楼内各区域的定时巡逻检查,完善楼内的安全监控措施,并通过严格的监督检查机制来确保安全保卫管理制度的有效实施。因此,要建立完善的应急预案。

(3)要求环境整洁,舒适优雅

现代化的写字楼,系统设备先进、装修档次高,但是,由于写字楼人员出入量大,容易出现脏、乱和建筑材料损坏的问题。为了创造干净、整洁、优雅、舒适的办公环境,写字楼内卫生间、大堂、走廊、楼梯间、电梯厅等公共区域及办公区域应由专业保洁人员进行定时、定期的清洁、打扫和维护。

楼内垃圾的及时清运、定期的消杀灭害工作是预防疾病传播的有效手段之一。定期的外墙清洗,可以保持大厦良好的外观形象。摆放适当的花卉和绿色观赏植物,既增加了人们的视觉美感又净化了环境。

(4)质量要求高,科技含量大

由于现代写字楼本身规模大、功能多、设备先进,加之进驻的多为大型客户,自然而然各方面的管理要求都较高。特别是现代化的智能写字楼,集各种先进技术设备之大成,例如,中央空调系统设备、高档电梯、楼宇自控设备、保安监控设备、火灾自动报告系统设备、办公自动化系统设备等,都对物业管理人员提出了更高的要求。物业管理工程部的人员不仅要具有管理知识,更要具有与之相适应的专业技术知识,只有这样,才能够驾驭这些设备,才能够担负起管理和维护这些设备系统的责任。同时,应指导客户正确地使用这些设备,避免因不正常的使用操作而导致设备的提前损坏。

三、写字楼物业管理的具体实施

1. 写字楼使用前的准备工作

①物业服务企业与业主或大厦业主委员会签订物业服务合同,明确责、权、利关系,并制订《业主公约》或者《用户公约》。

②制订物业管理方案,草拟写字楼各项管理制度、服务质量标准、物业服务收费标准、各工作岗位考核标准、奖惩办法等。

③根据业主或者投资者投资这类物业的意向,是业主自用还是出租或部分自用、

部分出租,是一个客户还是多个客户占用一栋写字楼,是单用途还是多用途等具体情况,成立大厦业主委员会。

④根据写字楼不同的标准和各部分的用途,编写物业管理维修公约,计算楼宇各部分所占的管理份额,使各单位使用者公平地负担管理费及管理专项维修资金的支出。

⑤物业服务企业根据写字楼的特点及周边环境,制订出争创全国或省、市、自治区物业管理示范大厦的规划与具体的实施方案,并落实到各部门。

⑥按照有关规定,做好写字楼的接管验收工作。

2. 写字楼的商务服务

大型写字楼办公机构集中,商务繁忙,故多配有主要是向业主或使用人提供各种商务服务项目的商务中心(与大型酒店、宾馆类似)。

(1)设备配置

写字楼的商务中心须配备的主要设备及用品有:中英文处理机、打印机、传真机、电传机、打字机、电脑、装订机、塑封机、口述录音机、电视、电话、影视设备、投影仪及屏幕、摄像机以及其他的办公用品等。商务中心设备的配备可根据服务项目的增设而添置。商务中心设备的正常使用和保养,是提供良好服务的保证。因此,商务中心人员在使用过程中,应严格按照正常操作程序进行操作,定期对设备进行必要的保养,设备一旦发生故障,应由专业人员进行维修。

(2)商务中心的工作要求和工作程序

商务中心的服务是小区域、多项目的直接服务。客人对商务中心服务质量的评价是以服务的周到与快捷为出发点的。要做到服务周到、快捷,必须依靠经验丰富的工作人员和一套健全的工作程序。商务中心工作人员应当有流利的外语听、说、读、写能力,熟练的中英文打字能力、熟练操作各种设备的能力,熟悉商务信息知识、熟悉秘书工作知识、具备基本的设备清洁保养知识。

(3)商务中心的服务项目

写字楼客户业务类型不同,自身办公条件不同,对商务中心的服务范围要求也不同。较齐全的商务中心提供的服务项目有:翻译服务,包括翻译文件、合同等;秘书服务,包括各类文件处理;办公系统自动化服务;整套办公设备和人员配备服务;临时办公室租用服务;长话、传真、电信服务;商务会谈、会议安排服务;商务咨询、商务信息查询服务;客户外出期间保管、代转传真、信件等服务;邮件、邮包、快递等邮政服务;电脑、电视、录像机、摄像机、幻灯机、手机租赁等服务;报纸、杂志订阅服务;客户电信设备代办、代装服务;文件、名片等印制服务;成批发放商业信函服务;报刊剪报服务;秘书培训服务等。

（4）商务中心的工作程序

①服务前。了解客户所需服务项目、服务时间及服务要求；向客户讲明收费情况，开具收费通知单并收一定比例的押金。

②服务中。以准确、快捷为原则，按客人的服务要求准时、精确地完成服务。

③服务后。完成客人所需服务后，填写《商务中心费用收据单》，引导或陪同客人到财务部结账。《商务中心费用收据单》一式三份，一联交给财务部，一联交给客人，一联由商务中心存档。

商务中心的主要对象是客人，有时写字楼内部人员也因工作需要在商务中心使用设备，为此应制订商务中心签单程序，要求写字楼内部人员到商务中心使用设备，必须是工作需要；使用前，必须由该员工所在部门经理同意。使用时须在《商务中心设备使用申请单》上填清原因、内容、使用时间及批准人，在不影响为客人提供服务的前提下使用。使用后须在《费用结算单》上签字。

3. 前台服务

小型写字楼的前台仅提供基本的问讯解答、引导服务，大型写字楼的前台服务项目较多，主要包括问讯服务和留言服务，钥匙分发服务；信件报刊收发、分拣、递送服务；个人行李搬运、寄存服务；出租汽车预约服务；提供旅游活动安排服务；航空机票订购、确认服务；全国及世界各地酒店预订服务；餐饮、文化体育节目票务安排；文娱活动安排及组织服务；外币兑换，代售磁卡，代售餐券；花卉代购、递送服务；洗衣、送衣服务；代购清洁物品服务；提供公司钟点工服务；其他各种委托代办服务。

4. 设施设备管理

写字楼的设施设备管理主要应做好以下各项工作。

（1）设备管理

写字楼的设备管理主要包括：建立设备档案，做好写字楼各项设备验收文件、资料的存档工作，建立设备登记卡；完善工程部架构；建立各部门、各工种的岗位责任制；抓好物料采购、供应和消耗的环节的计划与控制，开源节流；制订设备的保养和维修制度；建立监管制度，监督检查专项维修保养责任公司和个人的工作。

（2）设备的维修与保养

写字楼设备的报修主要包括自检报修及客户报修。这就要求物业服务公司做好设备的日常保养工作，对于设备的维修控制，关键是抓好维修计划的制订和维修制度的完善。一般的维修方法有如下几种。

①强制维修法。即不管设备技术状况如何，均按计划定期维修。

②定期检修法。即根据设备技术性能和要求，制订维修周期，定期检修。

③诊断维修法。即根据使用部门的报告和提供的技术资料，对设备进行检查诊断，确定要维修的项目或部件，然后进行维修。

④全面维修。即当设备出现严重磨损、损坏或故障时,对主体和部件全面修理(大修)。

建立设备维修制度,主要是设备检修制度和报修制度。

(3)设备的更新改造

这里的关键是要把握好更新改造的时机,制订切实可行的更新改造方案。

5.安全管理服务

(1)保安服务

①贯彻保安管理的基本原则:宾客至上,服务第一;预防为主;谁主管,谁负责;群防群治,内紧外松。

②建立保安部的组织机构,制订严密的保安规章制度,明确本部门各类人员的岗位职责。

③按照实际需要,配备保安固定岗和巡逻岗的位置和数量,建立24小时固定值班、站岗和巡逻制度,做好交接班工作。

④加强治安防范。主要是加强保安措施,配备专门保安人员和保安设备(报警装置、门户密码开启装置、闭路电视监控器等),加强写字楼内部及外围保安巡逻,加强对停车场的保安及交通指挥。防止人为破坏治安秩序,杜绝各类可能发生的事故。

(2)消防工作

①建立三级防火组织,并确立相应的防火责任人:物业服务公司总经理、部门经理、班组长。

②进行消防宣传。宣传的形式有:消防轮训,利用标语或牌示进行宣传,发放消防须知(防火手册)。宣传的内容有:消防工作的原则,消防法规,消防须知等。

③把防火责任分解到各业主、租户单元,由各业主、租户担负所属物业范围的防火责任。明确防火责任人的职责,根据《中华人民共和国消防条例》的规定,制订防火制度。

④定期组织及安排消防检查,根据查出的火险隐患发出《消防整改通知书》,限期整改。

⑤明确火灾紧急疏散程序。做好疏散的准备工作,人员疏散为主、为先,转移危险品、抢救贵重财产在后。

⑥建立消防档案,制订灭火方案及重点部位保卫方案,每个房间安装消防走火示意图。

(3)车辆管理。

车辆管理人员应该对承租人、外来办事人员及写字楼内部的车辆进行管理,做到车辆摆放整齐、管理有序、妥善保管,保证车辆及行人的安全。

6. 保洁及绿化服务

（1）保洁服务

清洁是写字楼管理水平的重要标志，也是对建筑和设备维护保养的需要。日常保洁工作的重点体现在如上几点。

①制订完善的保洁细则，确定需要清洁的地方、材料、所需次数、检查方法等，并严格执行。

②制订部门各岗位的责任制。

③建立卫生清洁的检查制度。包括：定期巡检法（随见随报，定点检查，划簿登记）；每日抽查；会巡制度；食用水质及排污处理检查。

④定期清洗外墙，保持楼内公共场所的清洁，如大堂、洗手间、公用走道等处的清洁。

（2）绿化服务

绿化、美化服务既是一年四季日常性的工作，又具有阶段性的特点，必须按照绿化植物的不同品种、习性、季节、生长期来确定不同的植株养护重点，安排不同的养护措施，保证写字楼植株无破坏、践踏，保证植株四季常青。

7. 写字楼的租赁服务

写字楼是收益性物业，除了少部分业主自用外，大部分用于出租。如果物业服务公司接受开发商或者业主委托进行写字楼的租赁工作，则营销推广是一项经常性的管理工作内容。日常性的租赁业务是写字楼经营必不可少的环节，也是保证业主经营效益的一个基本组成部分。租赁业务的主要工作包括：开展写字楼营销的市场调研和营销计划，整体形象设计、宣传推广，接待来访的潜在承租客，介绍写字楼的情况，并做好促销宣传，做好与客户的联系；处理好写字楼的具体租赁工作；接受和处理承租户的投诉和要求，及时协调；定期对承租客户进行访问，以加深感情。

任务指导 5.2　完成任务情景 5.2 中的工作任务。

目的：分析出写字楼的物业管理与住宅小区的物业管理有何区别？

步骤：第 1 步，归纳出写字楼物业的特点；

第 2 步，找出写字楼物业管理的重点；

第 3 步，找出写字楼物业管理与住宅小区物业管理的区别。

 技能实训 5.2

阅读以下写字楼物业管理案例，分析、讨论这些物业服务公司的处理方法是否妥当，当你遇到同样的情况时，该怎么办？

租户搬出部分家具而没有业主书面许可怎么办

今年3月18日,某写字楼1206的一租户想要搬出一部分家具。他千方百计地联系当时正在国外的业主,但就是联系不上。按照管理规定,租住户搬出家具,必须有业主签字的放行条,而没有业主的书面许可,管理处不予放行(这一规定有必要,现实中确实发生过个别租户拖欠业主房租、搬走业主家具而偷偷溜之大吉的事情)。急于搬出家具的租住户万般无奈,找到管理处领导,恳请给以特殊照顾。

管理处的领导考虑到,若简单放行,恐怕损害业主的利益;若拒不放行,又会使租户感到不便(租户和业主同样都是物业服务公司的服务对象,兼顾二者利益应为物业管理所必需,绝不能只对业主关心备至,而对租户冷若冰霜)。于是鉴于租户只是搬出部分家具,提出了一个变通办法:租户列出所搬出的家具清单,并暂交与家具价值相当的押金;管理处做好记录,并出具收取押金的收据。一旦租住户能够提供业主的书面许可,管理处立刻全额退回押金(这一办法可取,但前提是要让其正确理解,否则容易引起纷争)。这位租住户觉得管理处的建议合情合理,便欣然接受。

时隔不久,该租户拿到了搬出家具的业主书面许可。在到管理处换取押金时,还对管理处既对业主负责又为租户着想的做法赞许有加。

小区道路下陷的危机处理

今年5月份,某物业管理处人员发现小区内西侧车道路面出现了严重裂缝和沉降,给车辆通行造成了一定的安全隐患。由于此车道毗邻正在进行基础施工的政协××大厦,因此断定道路下陷是对方施工造成的。管理处马上与该大厦开发商联系,该公司派工程人员来察看,承认了下陷事实,但认为造成下陷的原因是道路本身的施工质量问题,与他们无关。管理处驳斥他们的说法,其理由一是在政协××大厦施工前,西侧车道一直是完好的;二是在小区东侧也有一条相同的车道,建设时间及工艺与西侧车道完全相同,目前一切正常,足以证明西侧车道的下陷是由于该大厦施工造成的。管理处要求该公司尽快对西侧车道进行修复工作,该公司代表说需要回去商量一下。

此后两个月过去了,尽管物业服务公司多次通过书面发函的形式,要求该公司尽快处理,但该公司一直未明确答复也未采取任何措施修复受损路面及排除隐患。由于该路面沉降进一步加剧,为避免造成意外事故的发生,管理处通过律师事务所给该公司发了一封律师函,要求他们立即修复,否则将采取法律手段解决此事。这招果然见效,没过两天,该公司就派人与管理处签订了一份协议,并在8月初修复了此路。

思考练习

（1）写字楼的概念是什么？
（2）写字楼物业的分类、特点及管理要求是什么？
（3）写字楼物业管理组织实施的主要方面有哪些？

项目三 商业场所物业的管理与服务

任务情景5.3

平时我们去商业场所休闲消费的时间比较多，但是针对商业场所的物业管理你了解吗？你知道商业场所的物业管理与服务包括哪些内容吗？请到本地商场调查并作归纳总结。

知识讲解

一、商业场所的概念

商业场所是指能同时供众多零售商和其他商业服务机构租赁，用于从事各种经营服务而获得营业收入的大型收益性物业。其中百业杂陈，不仅有多家零售店、专业商店，还有各种服务业、娱乐场所、银行等。

二、商业场所的分类、特点与管理要求

1. 商业场所的分类
商场物业一般可根据建筑规模、建筑功能和建筑结构等进行不同的分类。
（1）按建筑规模划分
①居住区商场。建筑规模一般在 1 万 m² 以下，商业服务区域以某一居住小区为主，服务人口通常在 5 万人以下，年营业额一般在 3 000 万 ~1 亿元。
②地区购物商场。建筑规模一般在 1 万 ~3 万 m²，商业服务范围以某一区域为主，服务人口在 10 万 ~30 万人，年营业额一般在 1 亿 ~5 亿元。
③市级购物中心。建筑规模一般都在 3 万 m² 以上，其商业辐射区域可覆盖整个城市，服务人口在 30 万人以上，年营业额一般在 5 亿元以上。
（2）按建筑功能划分
①综合型。包括购物、娱乐场所、餐饮店、影剧院、银行分支机构等。
②商住两用型。低楼层是商场、批发部等，高楼层为办公室、会议室、居住用房等。

（3）按建筑结构划分

①敞开型。商业场所多由露天广场、走廊通道并配以低层建筑群构成，其中设有大型停车场、小件批发市场等。

②封闭型。商业场所为商业楼宇，如商场、商厦、商城、购物大厦、购物中心、贸易中心等。

2. 商业场所的特点

①规模功能合理化要求较高、规划布局要求特殊。商业场所的规划设计首先要符合经济规律和当地的经济发展程度，建设时要根据周围及辐射地区人口、交通、购买力、消费结构、文化背景等有关因素来规划设计方案。且商业场所的选址和规模应当满足不同层次的需要，要依据城市人口的数量、密集程度、顾客多少来布局，做到分散与集中兼备。

②建筑空间大，装饰设计新颖、别致，有特色。建筑内部一般用大间隔、大空间设置。外观设计讲求宏伟、富丽，有的还配置休闲广场。内部装饰追求典雅、奇特。建筑外部、进出口处都要有鲜明的标志。

③设备设施齐全。现代商业设备设施先进，除一般现代楼宇拥有的基本设备设施外，还有滚梯、观光电梯、餐饮和娱乐设施等。

④客流量大。商场进出人员杂，客流量大，不受管制，易发生意外，安全保卫非常重要。还有些商品属于易燃易爆物品，消防安全也不能马虎。

3. 商业场所的物业管理要求

（1）商业场所的物业管理必须以服务为宗旨

商业场所物业管理既有其他物业管理的普遍性，更有其特殊性。商业物业管理主要面对 3 个重要服务对象：一是服务于商场经营，二是服务于顾客购物，三是服务于客户销售。由于商业综合楼宇设备多、结构复杂、管理起点高，对物业管理队伍的素质要求较高。商业综合楼宇一般设有中央空调系统，上水、排水、排污系统，高低压供电系统，煤气供应系统，电梯系统等，有些较为高级的、现代化程度较高的大楼还设有楼宇自动化系统、通信自动化系统、办公系统、安保系统、消防自动化系统。因此，必须牢固树立"全心全意为客户服务"的宗旨，运用先进的管理手段和方法，对大楼各系统进行维护、保养和管理，保证这些系统的正常运转。千方百计提升服务水平，保证商场优美的工作环境，为前来购物的顾客提供一个舒适的购物环境。

（2）需要确保商业场所的安全性。

综合商业楼宇面积大、商品多、客流量大，容易发生安全问题。因此，安全性是商业场所物业管理的重要部分。首先，在硬件上要配备先进的设施设备，同时技防必须与人防紧密结合，才能确保万无一失。其次，值班人员要责任到位，时刻密切监视技防设施。最后，保卫要坚持 24 小时值班巡逻，要求值班人员必须精力高度集中，并要安排便衣保卫人员在场内巡逻。物业保值、设施运行、消防安全、防劫防盗、社会治安是商业物业管理安全工作的重要内容,也是保证商场安全、稳定经营的关键环节。要围绕这五个环节,以"安全、舒适、清洁、文明"为物业管理目标,有针对性地开展工作。

(3)要确保顾客消费的便利性。

商业物业内部要保持各种引导、提示标志的完整性,为前来消费的顾客提供一个明确的休闲、消费导向,为顾客提供消费便利。作为物业服务企业,应该经常对各种标志进行巡视检查,如有损坏应及时更新,如有变化应及时更换。

(4)要确保设备设施的可靠性。

商业物业设备设施的正常运行是开展经营活动的保证,任何一种设备设施的故障都会给销售者和顾客带来不便,甚至会带来巨大的混乱,造成不安全的因素。因此,要对商业物业的设备设施精心养护、及时维修,保证其运行可靠。

三、商业场所物业管理的具体实施

1. 安全保卫管理

大型商业场所的安保工作量较大、质量要求高。商业场所物业安全管理服务主要是为顾客提供安全、放心的购物环境,并确保商业场所的物品不被偷盗。商业场所安全保卫管理的主要工作有如下几点。

①安保管理工作实行 24 小时值班巡逻制度。营业时间应安排便衣保安员巡逻。

②在商业场所重要部位,如财务室、电梯内、收款台、商业场所各主要出入口等处安装闭路电视监控器、红外线报警器等报警监控装置,保安工作人员对商业场所进行全方位监控。

③商业场所营业结束时,保安员应进行严格的清场,确保商业场所内无闲杂人员逗留。

④结合商业场所的实际情况,制订安全管理预案。在紧急情况下,能够启动、实施安全预案。

⑤同当地公安部门建立工作联系,发现案情时,积极、主动地协助、配合公安部门的工作。

2. 消防管理

大型商业场所的客流量非常大,各种商品摆放较密集,而且物品种类多,这些都给商业场所的消防管理工作带来较大困难。所以,商业场所的消防管理工作主要应从以下几个方面展开。

①组建一支素质高、责任心强、专业技术过硬、经验丰富的消防队伍。这包括在物业服务企业内部成立一支专业消防队,在商业场所租户群体中成立一支义务消防队。通过宣传、培训,使商业场所的租户提高消防意识,增加消防知识,熟悉灭火器等消防

器材的使用方法。

②针对商业场所的特点,完善各种消防标志配置,如,避难指示图,各出入口指示,灭火器材的存放位置、标志等。同时,一定要保持标志的完整和清晰。

③结合商业场所的经营特点,制订商业场所消防预案,对物业服务企业全体人员及部分租户进行培训,在紧急情况下能有效组织灭火、疏散人员,保证客户的人身、财产安全。

④定期或不定期地组织商业场所的消防实践演习,以提高管理服务者和客户在紧急情况下的应变能力。

⑤定时、定期对消防设备设施进行检查维护,确保消防设备设施能随时启用。

3. 车辆管理

大型商业场所的车辆来往频繁、停留时间较短,停车是否方便、交通是否便利,直接关系到商业场所的经济效益。所以,物业服务企业对来往车辆的疏导、管理,是商业场所管理工作的重要组成部分。商业场所车辆管理的主要内容有如下几点。

①物业服务企业设有专人负责指挥、维持交通,安排车辆停放,同时要有专人负责车辆看管,以防丢失。

②物业服务企业要与交通管理部门建立工作联系,了解周边地区停车场的情况,有助于本商业场所的车辆疏导工作和简单处理、解决交通纠纷问题。

4. 环境保洁与绿化管理

随着生活水平的提高,人们对商业场所环境的要求也越来越高。所以,搞好商业场所内外的绿化和美化也是物业管理的重要工作内容之一。大型商业场所客流量大,产生垃圾、杂物自然多,因此,商业场所保洁工作任务繁重、困难较大。商业场所的保洁工作的主要内容有如下几点。

①对商业场所进行流动性保洁,即频繁进行保洁操作,在雨天、雪天应及时采取防护措施。

②由专人负责随时、定时收集垃圾、杂物,并清运到垃圾存放点。

③依据商业场所营业时间,定期、定时对商业场所地面进行打蜡、抛光等养护工作,并随时擦拭各种指示标志、招牌等。

④定期清洁商业场所外墙面、广告牌等,确保商业场所的外观形象。

⑤制订适合商业场所的保洁服务质量标准,设立清洁检查机制,并有效落实和实施,确保有效完成质量标准。

5. 房屋及附属设备设施管理

大型商业场所的房屋及设备设施是商业场所经营活动所必需的,物业服务企业对商业场所房屋及设备设施的维修养护工作是否到位,直接关系到商业场所是否能够正常营业。商业场所房屋的管理及维修养护工作与写字楼等类型的物业基本相同,其设备设施管理工作主要有以下几个方面。

①结合商业场所的营业时间,制订设备设施日常性、阶段性维修养护计划,使设备设施维修养护工作按部就班地逐步实施,不影响商业场所的正常经营活动。

②建立有效的巡视检查制度,对供电设备系统、给排水系统、消防系统、照明系统、霓虹灯广告等设备定时、定期巡查,及时发现和解决问题,确保设备设施正常运行。

③对电梯、中央空调等重点设备做好对外委托性维修养护工作,以保证为客户提供顺畅的交通和适宜的温度。

④对设备设施的报修工作应在第一时间及时处理,保持高效率,以使商业场所不致因设备故障而中断经营活动。

⑤及时整改容易造成客户损伤的设备设施,如柜台锋利的玻璃边、角应进行修整等,避免消费者受到意外伤害。

任务指导 5.3   完成任务情景 5.3 中的工作任务。

目的:了解商场物业管理的重点。

步骤:第 1 步,可以单独完成,也可以 2～3 人共同完成;

第 2 步,选择一个知名商场;

第 3 步,了解物业服务的基本内容,用照片等形式记录其物业管理的痕迹;

第 4 步,归纳商场物业管理的重点。

 技能实训 5.3

阅读下面的案例,你认为案例中的物业服务公司做得怎么样?如果你是商业场所物业服务公司的员工,该怎么办?

某公司入驻某商城后,不按时缴交管理费,甚至把交管理费作为与有关方面交涉的筹码,作为达到某种目的的交换条件。一年后,该公司已累计欠费达 35 万元之多。期间,管理处有关人员数次上门催交未果。

为了解决这一问题,管理处主要领导一方面主动与有关方面保持联系,帮助全面反映该公司的意见和要求,以取得其对管理处工作的信任和认可;一方面盯住平时难得一见的该公司老板,频频征求意见并反映管理处的经济困难,以求得携手维护物业正常运行的共识。

在赢得了该公司理解、信任的基础上,管理处提出了适当减免滞纳金、分期付款等有利于促成该公司尽快缴清拖欠管理费的优惠条件(退一步进两步,不退无以求进)。最后双方达成了一致,自约定之日起分 10 期、每月 3 万余元,随当月管理费一同缴交拖欠的费用。10 个月后,该公司拖欠的管理费已全部缴清。

思考练习

(1)商业场所的概念是什么?

(2)商业场所物业管理的分类、特点及管理要求是什么?

(3)商业场所物业管理组织实施的主要方面有哪些?

项目四　工业区物业的管理与服务

任务情景5.4

参观本地一工业区物业,找出工业区物业与住宅小区物业的区别,从而总结工业区物业的管理要求。

知识讲解

一、工业区物业的概念

工业区物业是指用于工业生产活动目的的物业,包括厂房、仓库、工业园区等。

二、工业区物业的分类、特点及管理要求

1.工业区物业的分类

根据工业项目对环境的影响情况,工业物业可以分为如下几类。

①无污染工业区物业。物业内的工业项目对空气、水不产生污染,亦无气味、噪声污染。

②轻污染工业区物业。物业内的工业项目不产生有毒、有害物质,不产生废水、废渣,噪声污染小,无燃煤、燃油锅炉等设施。

③一般工业区物业。物业内的企业项目必须设置防治污染设施。

④特殊工业区物业。物业内的工业项目因大量使用有毒、有害的化学品,必须设置完善的防治污染设施。

2.工业区物业的特点

(1)建筑物结构独特

首先,工业区物业大都以低矮建筑为主,布局简单,相对来说很少超过5层,但建筑跨度较大。其次,居住类建筑一般是以钢筋混凝土框架结构为主,而工业物业建筑结构种类较多,除钢筋混凝土框架结构外,还有钢结构、砖木结构、混合结构等。最后,工业物业外饰较住宅小区简洁,一般为方正布局,很少有飞檐、飘线等装饰物。

（2）服务对象不同

工业园区3大服务对象较为突出。业主（很多时候是一个自然人或公司）、租户（投资者，一个工业园有几个或几十个）和使用者（工人等），服务的对象以租户为主。一般较住宅几百户甚至成千上万户业主而言，工业物业的租户较少，很少上百户，所以相对容易达成一致意见，对物管的评价也较为中肯。

另外，住宅区内的儿童及老年人在工业区内几乎没有，工人大多为青壮年，服从性较住宅小区住户强，但流动性大。他们不太关注管理效果，主人翁意识比小区住户稍逊，所以导致生活区"脏乱差"现象较普遍。但只要加强教育，通过厂企互动，其改善也较快。

（3）配套设施设备要求高

工业园区的配套设施设备主要有配电设施、电梯（货梯为主）、消防设施等。较住宅小区而言，工业园区的绿化、园建等休闲设施较少，但因工业特点，机电设施及其他功能设施一般比居住小区的大型，如垃圾中转站（以工业垃圾为主）、停车场（以货车为主）、电梯（以货运为主）、污水处理系统、专业消防设备等。还要求邮电、通信设施齐全，实现光缆数字化，以满足企业生产的要求。

（4）环境易污染

工业区的企业在生产时一般都会不同程度地对环境产生污染，主要污染类型有以下5种。

①空气污染。造成空气污染的因素有燃煤排放二氧化硫气体、机动车尾气、工厂内排放的化学烟雾和粉尘等。

②水体污染。工业废水中含有大量有毒、有害污染物，进入水体内造成水体污染。

③固体废弃物污染。固体废弃物污染是指在生产中扔掉的固体物质对环境产生的污染。

④噪声污染。工业生产中造成的噪声主要有交通噪声和生产噪声。

⑤电磁波污染。工业生产中的电子设备设施、电气设备设施产生的污染。

（5）规划区域大

工业区一般由政府统一规划、统一建设、统一管理，规划占地面积较大，从几平方千米到几十平方千米不等，一般由若干栋厂房及配套用房组成。从功能上划分，工业区包括生产区、仓储区、共用设施区、职工宿舍区、绿化带等。可以说，工业区物业面积大且功能要求多，这就给物业管理带来了新的要求。

（6）其他

相对于住宅小区的物业管理来说，工业园物业管理面对的租户和业主都较少，很少发生无理取闹等事情，但一旦出现拖欠物管费用，则是小区的数十倍甚至上百倍。

3.工业区物业的管理要求

(1)安全管理,防范第一

一方面,高科技型生产企业从原材料到产品、成品,不仅价格高且保密性强,一旦丢失或者损坏,会给企业造成巨大损失,因此,安全防范必须加强。另一方面,部分企业会使用和接触一些危险品,如果管理不善,容易引发火灾、爆炸等事故,因此,物业服务企业要做好危险品的管理工作,定期检查,消除不安全因素。

(2)重点设备设施的管理要求高

工业企业耗电量、耗水量大,停水、停电会对企业造成很大的负面影响,特别是有的企业是连续生产的,一旦中断就会造成巨大损失。因此,工业区厂房必须保持持续的供水、供电,如果确实需要维修、抢修的,必须事前做好安排。

(3)保证道路畅通,环境整洁

工业区内的交通是否通畅,关系到原材料是否能够顺利到达生产岗位,关系到生产出的产品能否及时运出去。因此,工业区内的货物存放和装卸必须在指定区域的范围内进行,不得妨碍工业区内的交通。

同时,由于生产的需要,有的厂房难以维持清洁,而有的厂房对清洁的要求又很高。因此,对待不同的厂房应有不同的保洁制度和方法,应该勤清洁、清理、清扫,做好工业垃圾和生活垃圾的分类处理,尤其是对有毒、有害的工业废弃物更要进行妥善的处理。

(4)要求物业管理的专业性强

工业园区内的各类生产企业有其各自的生产设备设施,专业性较强。这就要求物业服务企业要了解不同行业的相关知识,有针对性地制订管理规定、管理方案,并且养护好辖区内的设施设备,维护正常的生产秩序。

三、工业区物业管理的具体实施

1.制订工业区物业管理公约

应由工业区管理委员会或工业区业主结合工业区的特点、工业区具体情况以及物业管理与服务需求,制订工业区的物业管理公约。该公约是工业区内所有业主、客户必须共同严格遵守的规章制度,其内容覆盖对物业服务企业、业主、客户对物业的使用、维修、养护等要求。

2.工业厂房和仓库共用部位的管理

物业服务企业负责工业厂房和仓库公用部位的维修、养护和管理。通用厂房和仓库的公共区域应在工业区的管理公约中明确规定,任何企业不能以任何形式占用,确保发生特殊情况时货物和人员能够顺利疏散。为确保厂房和仓库及附属建筑物群的协调美观,满足给排水及道路畅通、消防安全规程及生产人员安全要求,各企业不得在红线范围内的地基上或屋面、外墙、技术层搭建和安装设备,若要在外墙或屋顶设置企业标志和广告,应事先向管理者申请,经协调、批准后方可实施。

3. 工业厂房和仓库内部的管理

工业厂房是产品生产基地,关系到产品质量;仓库是储存保管要地,关系到产品安全。工业厂房和仓库内部无论由使用企业自行管理,还是委托物业服务企业进行管理,各企业都应遵守以下几项管理规定。

①厂房和仓库不准改做生活居住用房。

②各企业、车间应按照楼层的承受负荷要求放置设备和货物。

4. 工业区设备设施的管理

(1)工业区内各地下管线的管理

工业区内的公共地下管线包括热力管线、自来水管线、燃气管线、雨水管线、生活污水管线、生产废水管线、电力管线等。物业服务企业应当配合相关市政部门,定期对这些公共管线进行检查、测试及维护,确保这些管线的正常使用。同时,在这些管线所经过的地方应设置明显的标志。

(2)工业区内公共照明设施的管理

物业服务企业应定期、定时对区内的照明设施进行巡视检查和维修养护,损坏的照明设施要及时修复,保证区内的照明设施正常使用。

(3)工业区内公共道路的管理

工业区内的道路不允许任何企业随意占用。物业服务企业应当定期对路面加以维护,保持路面平整完好,以方便区内车辆通行。

(4)工业区内各种公共标志的管理

物业服务企业应当经常、定期对区内公共标志进行检查、维护及核对,及时修复或更换破损的标志,及时更换做了调整的标志。

5. 工业区环境污染及环境管理的基本要求

(1)水污染的防治要求

①工业园区内所有的生活污水都必须排入公共污水管道,进污水处理厂集中治理;园区内所有工业废水也都须达到或经过预处理后达到污水处理厂的污水接纳标准后排入公共污水管道,进污水处理厂集中处理。

②严禁采用其他用水稀释工业废水。

③工业生产区地面必须设计雨水、污水分流渠道。

④清洗设备须设置在工厂内,如设置在厂外,则必须设在有遮棚的冲洗槽内,所产生的废水必须经集中处理后,排入公共污水管道。

⑤装卸液体化学物品场所和废料区须有遮棚,须设置防污设施以防止废物因溢漏而排入雨水管道。

⑥冷却塔内的废水须排入污水管道。

⑦由压缩机、发电机房溢出的油和含油废水须经过撇油处理后才能排入公共污水管道。

⑧锅炉废水必须经过冷凝降温至45 ℃以下后排入公共污水管道,锅炉废水排放的出口须设有防污设施。

⑨所有用筒、罐等容器盛装的化学物品及油都应存放在建筑物内或有遮棚的专用存放处,存放处的地面须涂上一层防化学物腐蚀材料。

(2)空气污染的防治要求

①园区内严禁在露天场地燃烧废弃木材或其他废料。

②对大气产生污染的工业或商业项目必须装置有效的污染防治设施。

③园区内的企业不得设置以煤为燃料的锅炉等设施,可以使用燃气或燃油,但是,油的含硫量不得超过2%,在靠近住宅区500 m以内的范围内使用的油含硫量不得超过1%。

④燃烧设施烟囱的高度、位置、直径都必须符合环保要求。

⑤在同一地点建多个锅炉,烟囱应合并成一个。

⑥所有废气的排放均须达到国家环保部门规定的要求。

(3)噪声污染的防治要求

建设项目须合理布局,采取消声、减震等措施,以确保其噪声达到国家环保部门规定的排放标准。

(4)固体废弃物污染的防治要求

①园区内不得建造露天垃圾箱,建筑物内垃圾箱所设位置要便于垃圾的运送。

②一般工业"废渣"不得任意丢弃,"废渣"堆放场所要有防止扬散流失的措施,以防止对大气、水源和土壤的污染。

③对含汞、砷、铬、铅、氢化物、黄磷及其他可溶性剧毒"废渣",其他易污染环境的工业"废渣",均必须专设具有防水、防渗措施的存放场所,禁止埋入地下或排入地方水体或污水管道,经专门处理后方可排放。

④工业"废渣"的存放及处理设置需报批。

(5)电磁波污染的防治要求

易产生电磁波污染的项目,必须采取屏蔽或抵消磁波等措施,以确保电磁波达到国家环保部门规定的排放标准。

(6)环境绿化和保洁要求

工业区内的绿化带能够净化空气、防尘、防噪声,起到改善工业区内部小气候的作用,并美化人们的工作、生活环境。为确保文明生产和绿化环境,业主或用户无论购买或租赁厂房和仓库面积有多少,均不得占用园林绿地。

工业区内绿地的类型有如下几种。

①公共绿地,包括工业厂区、生活区域文化活动场所的绿地。

②公共场所、公共建筑及公用设施绿地。

③宿舍、住宅区及庭院绿地。

④道路及广场绿地。

工业区的环境卫生要注重"扫防结合",公共场所必须设置卫生桶、卫生箱等。由于工业区面积大、人员多,清扫保洁的任务十分繁重,物业服务企业要配齐清扫保洁人员,对物业管理区域的卫生实行全天保洁。公路要天天清扫、洒水,制订纠正不卫生习惯的措施。垃圾要日产日清,清扫保洁人员要实行分片包干制,责任明确,使物业管理区域内始终保持清洁卫生的环境。搞好环境卫生工作,物业服务企业虽然负主要责任,但是要工业区的业主、客户等配合,所以必须抓好宣传教育工作。要把工业区的环境保护、环境卫生与建设文明工业区有机地结合起来,加强业主、客户的文明意识和自觉遵章守制的观念。

6. 安全管理

（1）安全保卫服务

工业区内地域广,建筑物类型繁多、功能各异,生产单位连续作战,产品数量大,人员、车辆繁杂,生活区同生产区混杂。同时,各生产企业又有各种不同类型的管理方法,物业服务企业不可能过多干预,只能同各生产企业及生活区的管理单位密切合作,相互配合,积极参与,才能较好地完成管理工作。物业服务企业应根据工业区的规模和保安工作量的大小,配备相应的保安人员。应采取重点保安与一般保安相区别的方式,对重点部门和相对集中的区域要实行 24 小时巡逻,对财务室、仓库等重点部位要安装报警装置和监控装置。

（2）消防管理

工业区内的防火管理工作要做到专职和兼职人员相结合,实行物业管理区域内的所有单位"一把手"防火责任制,让他们同物业服务企业签订"责任状"。物业服务企业要定期对防火工作进行检查,发现问题及时处理,确保消防保卫工作万无一失。

（3）车辆管理

物业服务企业要在物业管理区域内按照统一规划、统筹安排、方便使用、便于管理、确保安全和有偿使用的原则,建立健全车辆管理制度,将机动车和非机动车分成若干个停车场,并设专人进行管理,确保车辆完好无损。依照国际惯例,物业服务企业应与车主签订《车辆停放管理合同/协议》,明确双方责任,对工业区内的车辆统一管理,对外来车辆也应当有相应的规定。

任务指导5.4　完成任务情景5.4中的工作任务。

目的：分析出工业区物业管理的重点。

步骤：第1步，老师组织全体学生一起参观某工业区物业，也可以是学生自发地参观，没有条件的也可以由老师收集工业区物业的图文资料，提供给学生；

第2步，列出工业区物业与住宅物业的区别；

第3步，列出工业区物业的管理要点。

技能实训5.4

阅读下面的案例，你认为案例中的物业服务公司做得怎么样？有何启示？

这起电梯伤人事故应该由谁负责

[**案情**]　2012年12月13日下午，某工业区405栋发生了一起电梯伤人事故。那天，在四楼开公司的事主崔家两兄弟因为进货要使用电梯，但因电梯的楼层显示装置坏了，无法判明电梯的位置，两人只好在各楼层找。找到五楼时，走在前面的崔弟看见电梯门开着，里面黑洞洞的，于是便一脚迈了进去，坠入电梯井死亡。

事发后，物业服务公司检查了电梯，发现五楼的电梯门锁有"外力破坏"的新鲜痕迹，怀疑是事主急于使用电梯强行推开电梯门，因用力过猛失去重心从而导致事故的发生。

而事主方面则宣称，他们从今年上半年开始在这里办公司，迄今为止没有收到过一份物业服务单位关于电梯使用方面的文件或通知。出事时，他们并不知道电梯停在哪里，怎么可能无故地去五楼破坏电梯呢？崔家诉至法院，要求物业服务公司给予赔偿。

[**评析**]　在这起因电梯事故引起的人身损害赔偿案件中，问题的焦点是对原、被告是否存在过错的认定，及被告的过错与本案人身损害后果是否存在联系，是否须承担责任的认定上。

本案中，物业服务公司作为工业区405栋大厦的管理人，负有保障电梯安全运行的法定义务。从案情来看，其行为存在严重的过错，应承担赔偿的民事责任，表现在：

①物业服务公司没有在电梯轿厢内和电梯前厅张贴《电梯安全使用说明》和《乘客乘梯注意事项》。根据《消费者权益保护法》第十八条"经营者对可能危及人身、财产安全的商品和服务，应当向消费者作出真实的说明和明确警示，并说明和标明正确使用商品或者接受服务的方法，以及防止危害发生的方法"的规定，物业服务公司应在电梯轿厢内和电梯前厅张贴《电梯安全使用说明》和《乘客乘梯注意事项》，但物业服务

公司却不作为，未作任何说明。

②物业服务公司未能及时检查、排除电梯故障。电梯的运行是靠其精密设备、安全装置及安全技术操作、严格的安全管理制度、保养制度来保证安全的。物业服务公司作为电梯的管理人，应当执行当时劳动部《起重机械安全监督规定》中有关电梯安全使用、安全管理、检查、检验的规定，但其却因疏忽大意而未及时排除故障，以致电梯的楼层显示装置不能正常工作，乘客无法判明电梯所在位置。

③物业服务公司的过错与崔某的死亡有因果关系。物业服务公司的不作为是导致电梯不能正常使用的直接原因，崔某的死亡正是电梯不能正常使用所致，所以物业服务公司的侵权责任成立。依照《民法通则》第一百零六条第二款"公民、法人由于过错侵害国家的、集体的财产，侵害他人的财产、人身的，应当承担民事责任"的规定，物业服务公司应当承担本案的主要责任。

关于崔某的过错责任问题。崔某系有行为能力的成年人，应当预见到电梯的楼层显示装置坏了，继续乘电梯的危险性，但其却执意寻找电梯。在五楼，其已看到电梯门开着且里面黑洞洞的，也应当预见到进梯的危险性。但其却疏忽大意，主观上存在疏忽大意的过失，其过错也是明显的，也应承担相应的责任。

物业服务公司发现五楼的电梯门锁有"外力破坏"的新鲜痕迹，怀疑是崔某强行推开电梯厅门造成的，但却无法提供相应的证据，无法排除是他人所为，所以其主张不成立。本案属混合过错，物业服务公司应承担主要责任，崔某承担次要责任。另外，假设物业服务公司主张崔某强行推开电梯厅门成立，也只能减轻，而不能免除其责任，仍然要为自己的过错行为(不作为)承担民事责任。

思考练习

(1)工业区物业的概念是什么？
(2)工业区物业管理的分类、特点及管理要求是什么？
(3)工业区物业管理组织实施的主要方面有哪些？

项目五　其他类型物业的管理与服务

任务情景5.5

请在高校、酒店、医院等物业类型中选择一种作为调查对象，了解其物业管理与服务的内容。

知识讲解

一、其他类型物业的分类与特点

1. 其他类型物业的分类

其他类型物业主要是指除了住宅小区物业、写字楼物业、商业场所物业、工业区物业以外的各种物业,如文教、卫生、体育与寺庙等。为了研究方便,我们统称为"其他物业",人们一般接触的其他物业有以下几类。

①文化类物业,包括学校、图书馆、博物馆、档案馆、展览馆等。

②体育类物业,包括体育场、健身房、游泳馆、网球场等。

③传媒类物业,包括电台、电视台、音像影视制作基地等。

④卫生类物业,包括医院、卫生所、药检所、疗养院等。

⑤餐饮类物业,包括酒楼、饭店、咖啡屋、啤酒屋等。

⑥交通类物业,包括车站、码头、机场、停车场、桥梁等。

⑦娱乐类物业,包括电影院、游乐场、夜总会、舞厅等。

⑧宗教类物业,包括寺庙、教堂、宗祠等。

以上的物业有些是公益性的,有些是收益性的。在传统管理体制下,一般为系统管理,在投资、维修、保养等方面由主管部门承担主要责任。在经济体制改革中,按照政企分开的原则以及物业服务企业化、社会化、专业化的要求,这些物业可以由主管部门委托物业服务企业进行管理,也可由主管部门按照现代化的物业管理模式进行自治管理。

2. 其他类型物业的特点

对于其他物业的管理,因其具有和居住物业、商业物业、工业物业共同的性质,即是以"物"为媒,以"人"为本的管理,故其专项管理,如物业的维护、环境保护、保安、车辆管理等是类同的。然而,在具体实施时,还必须着重分析它们的不同特点和差别,以便于进行有效的管理和服务。

（1）服务对象不同

其他类型物业的服务对象首先具有年龄、文化、性格、兴趣、信仰等方面的差别,其次具有滞留时间上的差别。如游乐场,各种年龄层次的对象都可能参与,一般在2小时左右,流动性很大,清洁和疏散就可以成为管理的主要对象;而宾馆、饭店除了少部分包间外,绝大部分区域的人流都滞留时间较短,其规模和规格差别也甚大,要能提供供不同需求的顾客选择使用的服务。

（2）服务需求不同

在其他类型物业中,求知场所要求灯光柔和、环境宁静,一般应铺设地毯;医疗卫生场所特别强调通风并配置足够的座椅,供患者和家属等候使用,并且应该限制住院部的探视时间;影视院、医院、图书馆、博物馆等区域要有吸烟限制等。

（3）管理要求不同

物业用途不同,其管理侧重点也有差别。如图书馆内的资料、文物对环境保护提出了更高的要求,在防火、防盗、防潮、防尘、防虫、防鼠、防有害气体等方面必须采取专门的有效措施;医院化疗、放射性工作室应作防护测定,并配以警示装置等。

（4）经费来源不同

在其他类型物业的管理中,凡属营业性的,如舞厅、娱乐、健身房等,可采取自负盈亏的方式实施管理;半营业半公益性的,如疗养院、卫生所等,基本上由主管部门补贴;凡属公益性的,如学校,原则上依靠财政拨款,也有招收一部分自费生来解决费用的;图书馆基本上依靠财政拨款,同时开展复印、翻译、展览等收费性服务来补贴,但此项收入甚微。

（5）管理方式不同

其他类型物业的种类繁多,在管理方式上,有的是自主经营,有的是委托经营。从发展趋势来看,委托经营将成为主要方式。

二、酒店物业的管理与服务

酒店也称"饭店",是指为大众准备住宿、饮食与服务的一种建筑或场所。一般比较高档的酒店,需要有舒适安全并能吸引客人居住的客房,并能为客人提供各式餐厅、商业会议厅、康乐中心、游泳池、保龄球馆、高尔夫球场等场所,还能提供综合服务,如银行、邮局、书店、花房、美容厅等。酒店物业管理是酒店经营管理的一部分,是实现酒店经营目标的基础工作,也是实现酒店经营效益的基础工作。

1. 酒店物业管理的特点

（1）服务对象复杂,服务质量要求高

与其他物业相比,酒店物业的服务对象来自全国各地甚至世界各地,客人的流动性很大,每天服务的对象都不同。作为酒店物业管理人员,每天面对的多为新客户,要让每个客人感到宾至如归,不断满足新客人的新要求。特别是涉外酒店,更要维护好酒店的声誉。这就要求物业管理人员具有较高的素质,能够做到观察细致、时刻掌握客户需求。

此外,下榻酒店的人员来自于社会各层次,地域上来自于四面八方甚至世界各地,对所提供的服务有着很高而不同的需求,这就要求物业管理人员具备较高的素质。服务人员从穿戴、化妆到站姿、坐姿,再到迎送宾客的礼貌语言、微笑服务,甚至端菜、送菜、报菜名等都有严格的规范要求。饭店是为宾客提供餐饮与住宿的公共场所,因此对其卫生条件要求特别高。要求提供的各种食品必须新鲜清洁、无毒无害;餐厅、餐桌、餐具必须经过严格消毒,无尘无污;服务人员必须衣着干净整洁;客房必须按规范要求每天清扫和换洗床上用品。

（2）服务时间既短又长

酒店的这一特征，主要表现在餐饮和其他各种娱乐活动服务项目中，饭店的餐饮一日三餐，对每餐或每批宾客服务的时间看是短的。但是，餐厅一天要翻几次台，有的酒店还有夜总会、舞厅等场所，一般都要深夜一两点钟才能结束营业。因此，服务要几班倒，相对而言时间又很长。

（3）建筑规模大，档次高

现代高档的酒店，为了吸引宾客，一般都建筑得比较好，特别是商务会议型与度假休闲型酒店，其主体建筑加上配套设施，多数都在 10 万 m² 以上。而且，设计造型各具特色，建筑使用的主要材料、设备，如钢材、木材、石材、涂料、电器材料、卫生洁具、餐具以及制冷、供电、空调、监控、供暖、供水等主要设备大多是进口产品。

（4）设备设施维修养护时间性强

从经营的角度讲，酒店有连续性、季节性和时间性强的特点。因此，对于酒店的设备设施的检修、养护更强调时间性和季节性。应根据季节的变化、客流量的变化制订相应的设备设施检修计划，确保酒店的设备设施能够满足客户的需要。

2. 酒店物业管理的具体实施

高档酒店的物业经营管理必须实行专业化管理，由专业化的物业服务公司设置专门的物业经营管理机构，聘用经过多学科培养和培训的专业人才，实行专业化分工协作的科学管理。

（1）客人接待服务

酒店一般设有专门接待客人的前台或总台，当有客人来到时，前台服务人员应主动接待，落实好客人的住宿、吃饭或娱乐等要求。对服务人员的礼貌服务要求如下。

①服务人员形象要美，统一着装。男服务员穿西装、系领带，女服务员要化淡妆，形象要端庄大方。

②迎送客人要热情大方、不卑不亢，使用礼貌用语，表达欢迎与欢送之情。

③热情服务，有问必答。有客人来时主动接待，客人要办的事，如住宿、吃饭或娱乐等都有着落，对不属于自己职责范围内的事要汇报给领导解决。

（2）酒店钥匙的管理

①客房门钥匙由前厅总服务台负责管理。在客人办理住宿登记时，由酒店总服务台发给客人，退房时交回钥匙。客人在住宿期间丢失钥匙的，应填写"配置调换钥匙登记表"，经前厅经理同意、签字并保安部批准后，方能配置或调换。

②库房钥匙要有专人保管，同时严格执行登记制度。重要库房、保险柜必须采取双人双锁或三人三锁制，钥匙由两个或三个人分别掌管。

③客房各楼层的总钥匙必须统一放置在前台钥匙柜内，任何人不能将钥匙带出酒店。

④因工作需要,酒店员工需要临时借用客房门钥匙时,必须办理登记和审批手续,并按时交回。

⑤前台晚班人员清点钥匙并做好记录。发现钥匙短缺时,应及时做好记录并报告上级主管。

⑥保安部门负责对酒店钥匙管理进行检查和监督,积极配合各部门做好钥匙的管理工作。

（3）酒店建筑及设备设施的养护管理

酒店的建筑及设备设施的养护管理除了完成写字楼等物业相同的管理任务外,还应特别应做好以下工作。

①做好设备的更新改造工作。酒店的物业对设备性能要求高、变化较快,只有不断地完善其使用功能,才能延长其经济寿命。这就要对物业的设备设施适时地进行更新改造。因此,物业服务企业应帮助酒店制订设备更新改造计划,并付诸实施。

②做好建筑及其装饰的养护与维修工作。酒店的建筑及其装饰是酒店的标志性形象,需注意养护,保持其特有的风貌与格调,切忌破损。

③筹划楼宇的改建、扩建与新建。随着酒店市场需求的变化和发展,酒店楼宇改建、扩建、新建势在必行。工程设备部门应积极主动地向酒店总经理提出筹划方案,并在总经理决策后予以贯彻实施。

（4）酒店的保洁服务

①客房卫生服务。每天都要按规范清扫、擦拭房间,更换床单、被套、枕巾、拖鞋、浴巾、毛巾、牙具等。及时换补房间内租摆及小吧台的酒水、饮料。

②餐厅的卫生保洁。由于饭店的宾客流动频率特别高,客观上容易发生传染病,出现饮食不良现象,因此,对其卫生条件要求特别严格。从食品采购开始,要求新、鲜,凡能由专卖店购入的食品、饮料,一律由专卖店进货,并应有保鲜期。加工制作要按规范要求进行,符合卫生标准。餐厅应保持空气清新、温度适中、窗明几净、一尘不染,餐具用后必须清洗消毒。

③其他公共区域的卫生保洁。除了客房和餐厅以外的其他公共区域,主要包括大堂、会议厅、楼道、楼梯、电梯、公共卫生间、楼外广场、绿地、外墙墙面、停车场、娱乐场所等。这些部位的卫生保洁也是酒店为宾客服务的一项重要工作内容。每一家酒店都应设有负责卫生保洁工作的部门,根据酒店和物业服务企业的具体情况,制订严格的卫生保洁规范要求、岗位职责、操作规程和达到标准,具体内容应尽可能细化,便于操作。

（5）酒店的安全保卫服务

为了保证宾客的人身、财产安全,物业服务企业应设立专门的保安、消防机构具体负责此项工作。保安部应设立监控室,实行24小时监控与巡逻,要害部位应安装自动录像设备。发现隐患及时采取措施,将其消灭于萌芽状态。万一发生火灾事故,要按规范要求和程序组织宾客撤离,处理事故,保护现场。总之要有经过专门培训的保安、消防人员进行此项管理。

（6）环境绿化管理

酒店的绿化工作除了对区域内的环境美化外,更主要的是对楼宇内的美化。如大堂中具有特色的装饰与艺术品、工艺品、字画及租摆植物等,都需要能工巧匠、行家里手进行安排和管理,经常更新,创造优美而典雅的良好环境。

（7）多种经营项目管理

酒店开展的多种经营服务项目,如商务中心、舞厅、卡拉 OK、台球、高尔夫球、游泳池、保龄球等,应选派懂专业技术的人才,实行专业化管理。

三、学校物业的管理与服务

学校是有计划、有组织地进行系统教育的组织机构。过去,学校的物业一般由学校的后勤管理部门进行管理。但是,近年来,学校逐步引入现代物业管理,为教师和学生创造了更加清洁、优美、安全、方便的校园环境。学校物业管理的范畴包括学校房地产范围内全部教学、科研、生活房屋及其附属设备和公共设施,教师房屋及其设备以及相关的居住环境进行维修养护和管理,承担校园内物业的保安、防火、绿化和养护、保洁管理以及产权人和使用人日常生活必需的便民服务等。

1. 学校物业管理的特点

（1）作息时间相对固定,管理时段性强

学校有寒暑假,在校时学生的作息时间相对比较固定,管理的时间性要求比较强。因此,物业服务企业应根据这一特点作好工作安排。根据学校的作息时间划分不同的时间段,合理地分配管理服务内容,如环境卫生管理可以安排在学生上课时间进行,桌椅、门窗的维修、灯泡、灯管的更换可以安排在放学以后,而对于设备设施的大修和更换等则可以安排在寒暑假期间等。

（2）对设备设施的安全性要求高

学校是青少年集中的场所,他们充满活力,行动敏捷,动作幅度大。相对而言对设备设施的坚固性、耐久性、安全性要求高。因此,在学校物业管理的实际操作过程中,要充分考虑学生的人身安全问题,如固定于地面的文体器材一定要牢固,有损坏要及时维修,定期检查;修缮时注意钉子的安全使用,保证其完好。同时发挥学生的能动性,加强对学生的教育引导,使学生融入物业管理工作之中,自觉地遵守规则并制止有损学校物业的行为。

（3）保洁标准要求高

学校内人口密度高,少则几百人,多则成千上万人,教师和学生长期在校园内共同生活和学习。特别是学生寝室及教室,是学生们长期接触、一起生活和学习的地方,对保洁的要求比较高。这就要求校园内建筑物要日日清洁、定期消毒,特别是学生寝室楼和教学楼,更要保持清洁,以防止传染病在人群聚集建筑物中爆发。另外,干净整洁的环境还能为学生提供轻松熟悉的学习心情。

2.学校物业的管理与服务

(1)学生公寓的管理

学生公寓是学生生活和学习的主要场所,学生公寓的管理内容包括公寓的安全管理、卫生管理、住宿管理,各种设备设施的维修养护等。学生是公寓的使用人,因此,对学生公寓的管理也包括对使用人的要求。

①安全管理。

A.制订公寓安全管理工作目标、方案和措施,保证消防器材能正常使用。

B.定期组织安全教育活动,抓好各方面安全工作的落实,及时发现和解决不安全问题。可以利用谈心、板报、表扬等形式对学生进行思想教育。

C.充分发挥学生的主观能动性,以寝室为单位,抓好各项安全制度的落实,并由寝室长配合物业服务企业全面负责本寝室的安全工作。

D.向学生明确提出安全要求,如不准在公寓内使用电炉等大功率电器,不准在公寓内乱拉私拉电源线、电话线、电脑网线;不准在公寓内吸烟、点蜡烛、焚烧垃圾、废纸和信件等;不准乱动消防器材和设施,不准往窗外扔物品等。

②住宿管理:

A.寝室成员办理住宿登记卡和床头卡,并将床头卡按要求挂在指定位置;

B.要求学生按时就寝,如有特殊情况,需要向公寓管理人员请假;

C.学生不准擅自调整寝室,如有需要,应按相关规定要求进行调整;

D.严禁私自留宿外来人员,如遇特殊情况需留宿,必须携有关证件到公寓管理部门按规定办理手续;

E.对进出学生公寓楼的来访人员验证登记,禁止无证来访者及推销商品者进入公寓。

③卫生管理:

A.物业服务企业负责公寓楼外周边,楼内大厅、走廊、卫生间、洗漱间、楼梯,公共部位的暖气片、灭火器、门窗等处的卫生保洁;

B.监督管理各寝室内部卫生。物业服务企业应专门成立考评小组,制订完善的考核体系,每周不定期、不定时地检查各寝室卫生情况,并实行"卫生流动红旗循环制",促进学生寝室内部的卫生管理。

④学生公寓管理,要处理好"物业企业、学校、学生"三者之间的关系。在公寓管理上要建立"物业企业、学校、学生"三者共同参与、相互协作的关系。由物业服务企业和学校组成学生公寓管理委员会,公司负责学生生活后勤的保障和资产运作,为学生提

供良好的后勤服务保障;学校负责学生的思想政治教育与学习管理,提倡学生民主管理,建立学生公寓管理委员会,定期召开各种会议,收集学生意见,反映建议和要求,参与决策和管理。最后,真正形成物业服务企业、学校、学生共同参与、密切配合,促进学生全面发展的良好氛围。

（2）教学楼的管理

①教学楼内外的卫生保洁:

A. 物业服务企业应按要求清洁教室、大厅、走廊、楼梯、电梯、厕所、道路等公用地方,做到无污迹、无水迹、无废弃物、无杂物、无积水、无积雪;

B. 为屋顶、墙角除迹,做到墙面无灰迹、无蜘蛛网;

C. 常规性保洁可安排在上课时间或课后,保洁人员工作时动作要轻、快,工作性交谈也尽量小声,不可干扰教学;

D. 每天上课前,教室内必须擦拭黑板、黑板槽、讲台,拖净讲台踏板,掏空讲桌内的垃圾,各种教具摆放整齐有序。

②电梯的管理。

A. 保持电梯内外部的清洁,做到内部无灰尘、无蛛网、无手印,经常清除电梯轨道内的垃圾,保障电梯门开关顺畅、安全;

B. 电梯驾驶员持证上岗,电梯载员过多时应及时疏导乘客,分批搭乘,维持电梯内秩序;

C. 定期检修电梯设备,如发现电梯有震荡、不正常声音或有损坏时,应立即停止运行并通知维修人员进行维修;

D. 妥善保管电梯机房钥匙及电梯门钥匙,任何非操作人员不得私自使用;

E. 维修人员在现场操作时,应在主要入口处悬挂"检修停用"等警示牌;厅门拆下修理时,必须设防护栏或红色警示灯;

③设备的管理。做好学校给排水、供电设备设施的管理和维修,保证教学用铃的正常使用,具体应做到如下几点:

A. 每天检查门、窗、桌椅、灯、开关的完好情况,发现问题及时修理;

B. 每天检查各楼层,注意电线等设备设施是否有损坏,同时记录需修理的电灯、线路,并及时维修;保障电的正常供应,如发现停电,要立即抢修,确保及时供电;

C. 保证空调的正常使用;检查地漏、下水管道是否通畅,确保无堵塞、外溢现象,检查厕所内设施的完好情况,发现问题及时维修;

D. 在楼内要备有应急灯和手电筒,以备急用;

④绿化环境的管理:

A. 协助学校做好绿化、美化的总体规划和设计工作,在实施校园绿化总体规划过程中,保留原来可观赏绿化、美化的项目,适当开发新的绿化、美化项目工程,根据校园内天然的地形地貌,逐渐形成树木、花草兼观赏树木的阶梯式绿化、美化格局,特别做好花坛、绿地等集中地段的绿化、美化工作,做到绿化图案美观,密度合理,时间适宜,以美化校园环境;

B.及时完成绿化带内缺株树木的补栽和花草的更换,特别是要及时对老化树木进行修枝,保证学生的安全。枯死树木被淘汰后,应及时补栽,确保整体的协调;

C.保证绿地卫生,清除纸屑、烟头、石块等杂物,禁止践踏草坪;

D.根据实际需要,建设多种建筑小品,如石桌、坐椅、休息亭廊、假山等,既可美化环境,又可供学生课后休闲使用;

E.教学楼内的墙壁上可装饰艺术品、字画等,保持其卫生干净,烘托学习气氛,为师生提供一个清新、优美而典雅的良好环境。

四、医院物业的管理与服务

医院是指以向人提供医疗护理服务为主要目的的医疗机构,是为患者提供医疗服务和进行医学教学、科研的特殊场所。医院的构成大体上可分为办公楼、门诊部、住院处、教学楼、宿舍、配电室、机房、库房、锅炉房、停车场等。

1.医院物业管理的特点

(1)保洁工作专业性强

医院每天都会有大量的医疗废物产生,这些废弃物携带有致病菌和有害物质,必须按严格的规定分类处理和清运。保洁人员必须执行严格的消毒、隔离和防护制度,防止出现交叉感染的情况。

护工人员的基本素质要求较高,需要和各类病人及医护人员经常接触沟通,这就要求护工人员有一定的医疗、医护知识,清楚遇到突发事件时的处理程序。

(2)设施设备运行具有连续性

医院物业功能的特殊性,决定了有些设施设备需要24小时不间断地运行,几乎无法利用停水、停电的方式进行设施设备维修。这给医院的物业管理工作带来了相当大的难度,无形中增加了物业管理费用的支出。医院设备的维修养护必须做到科学合理,对于不能间断运行的设备,必须保证备用设备的良好适用性,一旦出现故障,立即将备用设备投入使用。

2.医院物业管理的组织实施

(1)房屋及附属设备设施的维修养护与运行管理

这主要包括对房屋建筑、中央空调系统、备用发电机、照明系统、给排水系统、制冷系统、电梯、通风系统、污水处理系统等的维修养护和运行管理,保证24小时的水、电、气、热供应。同时,还要保证电梯、变配电房、锅炉房、氧气输送系统的正常运行。

为满足临床医疗的要求,后勤设备设施的完好率和安全系数都要达到较高水平,因此对管理水平的要求较高。特别是安全管理方面,要求不得出现任何有损业主、患者的安全事故。医院设备设施的维修养护必须适应医疗服务专业性、时效性、稳定精确性强的特点,根据医疗要求和设备运行规律加强维修设计,提高维修效率。

在业务技术方面,要求设备技术人员必须具有一定的技术理论水平,又富有维修工作的实际经验,并有独立工作能力和灵活处理技术问题的应变能力。

(2)安全保卫服务

医院是治病救人、救死扶伤的专业医疗机构,医院的安全保卫工作尤为重要。必须有一个安全有序的环境做保障,给医务人员提供一个安全的工作环境,使前来就诊的病人感到安全舒适。

①医院消防无小事,从上到下都要引起重视,平时经常巡视,消除安全隐患。一经发现问题,及时组织有关人员处理解决。要配备专职的消防工作人员,成立义务消防队伍,并不定期举行消防演习。

②保安人员要加强对医护人员的安全保护,对打架、斗殴或发生医疗纠纷等情况,要及时、慎重地进行处理。

③保安人员要有效地开展防盗工作,发现可疑的作案人员,可暗中监视或设法约束,并报告和移交公安机关处理。

④慎防医托。现在的医疗机构水平参差不齐,导致产生大量的医托,他们渗入各大医院,或劝说病人到其指定的医院看病,或向病人派送传单,严重影响医院的医疗秩序。保安人员必须提高警惕,不断积累经验,一旦发现可疑人员,应立即协助医院保卫科查处。

⑤停车场的管理。医院人流量大,车流量也大,一定要规范停车场管理,确保停车场的车辆有序停放、行驶畅通。

(3)保证被褥用品洗涤及供应管理服务

洗衣房担负着医院医护工作人员工作服和住院病人被服的洗涤和消毒工作。要确保送洗被服的清洁和健康,防止院内交叉感染。

①按规定下科室回收脏被服要做到分类放袋,分类处理;传染性及带血、便、脓污染衣物要密封回收;一般病人衣被及医护人员工作服分开回收。

②为防止交叉感染,各类衣物执行分类洗涤原则,回收的脏被服要及时消毒浸泡。

③清洁被服按时下发到科室,双方做好清点登记,每天做好日工作量统计。

(4)环境管理服务

①严格遵守医疗医护消毒隔离制度。医院是各种病原体大量存在的地方,若有疏忽则极易造成交叉感染。传染病区尤其如此,故不能将传染病原带出传染病区。严格区分无污染区和污染区的地拖、桶、扫帚、手套等清洁工具,不能混淆使用。

②保持安静的就医环境。环卫人员工作时动作要轻、快,更不要高声说笑,工作性交谈也必须小声进行,不可干扰医护人员的工作和病人的休息。

③保洁要勤快。医院人流量大,地面、厕所等公用地方容易脏,保洁人员要经常巡察,并发动其他工作人员,发现垃圾要随脏随扫,随时保持清洁。

④保洁人员服务态度好。建立首问负责制,遇到病人的提问,要耐心解答,自己不清楚的要协助病人找到相关部门解决,切忌一问三不知。

⑤在处理垃圾时要区分有毒害类和无毒害类,定期消毒杀菌。医用垃圾的销毁工作要统一管理,不能流失,以免造成大面积感染。

⑥做好消杀工作。消杀工作主要是除"四害"。环卫人员能熟练使用各种消杀药物,熟知作业过程规范,保证院内没有虫鼠传播病菌和白蚁侵蚀物业设施。

⑦有效开展对医院公共区域的绿化、美化工作,定期对树木和绿地进行养护、灌溉和修剪,保证无破坏和随意占用绿地的现象。

(5)医院的饮食管理

医院的饮食管理功能是满足患者的医疗康复、职工的生活服务和院内的综合服务这3个方面的要求。它具有不同于传统餐饮经营的特点,从某种角度来说,甚至有着本质上的区别。医院餐饮的服务对象是特定的群体,出售的食物除追求色、香、味之外,更应注重营养搭配和医疗辅助作用。并实行制作、销售过程的卫生监管。

①配餐员要熟悉治疗饮食的种类,掌握饮食搭配的基本原则,根据医嘱与病员饮食计划,按时、准确、热情地将热饭热菜送到病员床边。送餐过程中须保持卫生。

②提前一天统计第二天饮食,及时收回餐具,避免损失、便利周转。洗餐具时小心操作,搞好消毒工作,节约用水。每天清洗配餐间、餐车和残渣桶。

③配餐员要注意个人清洁卫生,工作时穿戴工作衣帽、口罩。

(6)护工服务管理。

护工服务是医院物业管理的特色,它是对医生和护士工作的延续和补充,护工是医护人员的得力助手。护工必须掌握必要的专业医疗医护知识,必须遵守医院和公司的各项规章制度及操作规程。它可根据工作性质的不同,分为护工,专业陪护,导医、导诊3种。

①护工的工作内容。负责为病人打开水,协助生活行动不便及卧床的病人进行各种必要的活动。保持病房整洁,物品摆放整齐。及时收集送检人的化验标本并取回报告单,急检标本立即送检,并递送各种治疗单去进行划价、记账,特殊检查预约和出院病历结算等。护送病人做各项辅助检查和治疗,特殊危重病人必须有医护人员陪同。点收医护人员工作服、患者的脏被服和病人服,被污染的被服不能随地乱扔乱放。认真与洗衣房清点收送给科室的洗涤物品。

②专业陪护。专业陪护人员为病人提供专业化、亲情般的服务,并作为整体化护理的一个重要补充,是一种新型的护理模式。陪护人员要认真做好病人的生活护理、心理护理、健康宣教、饮食指导、病情观察等工作,治疗处置时要协助护士再次做好查

对病人用药过程中的反应,发现异常情况及时报告。做好病人的基础护理工作,落实各项护理措施,预防并发症的发生。

③导医、导诊。导医、导诊员的职责是正确引导病人就诊,为病人的就诊提供方便、快捷、优质的服务。导医、导诊员要清楚院容、院貌、科室设备、医院设施、专业技术水平、特色专科,做到礼貌接待,有问必答、百问不厌,引导患者挂号、候诊、检查,指导最佳就诊系统,合理安排检查项目,指导患者就诊。

(7)开设便民服务

医院的物业服务公司可根据医院的实际情况,开设一些便民设施,如自助药店、鲜花店、礼品店、自动售货机、自动饮料机等,既方便就医患者及前来探望的客人,其收入还可弥补物业经费的不足。

任务指导5.5　完成任务情景5.5中的工作任务。

目的:了解其他物业的主要分类,主要针对酒店物业管理、医院物业管理及学校物业管理的内容及具体实施细则进行掌握。

步骤:第1步,选择调查对象,酒店、医院、学校三者选择一种;
　　　第2步,现场调查,用照片等形式记录物业管理工作现场;
　　　第3步,归纳其物业管理的重点。

 技能实训5.5

阅读下面的案例,你认为案例中的物业服务公司该怎么做?

某高校一棵靠近院墙的大树的枯枝自行掉落在院外,此时正好有路人经过,枯枝就砸在该路人的身上,划破其衣服,并砸伤其背部和手臂。事发后,该路人立刻向校门的保安投诉,保安即刻告知了物业服务公司。公司主管绿化的副主任立即赶往现场,查看结果与所报事实相符,随即将受伤路人送往医院。经医院检查,该路人无大碍,住院休息几天即可。该路人向学校的物业服务公司提出了赔偿要求,包括医疗费、营养费、误工费、精神损失费等,共计8 600元。

思考练习

(1)其他物业的主要分类有哪些? 特点是什么?

(2)酒店物业、学校物业及医院物业管理组织实施的主要方面有哪些?

模块六　物业管理的服务质量与标准

教学目标：

能力要素	实际操作标准	知识要求
认识现行的质量评价标准	知道现行的质量评价标准的内涵	物业管理质量评价标准的概念、分类及适用条件
认识 ISO 9000 质量管理体系	知道早期介入的内涵 知道早期介入的工作内容	早期介入的概念 早期介入与前期物业管理的区别
认识承接查验	能够知道承接查验的内涵 能够知道承接查验的工作内容	承接验收与竣工验收的区别 承接双方的责任
认识业主入住和装修管理	能够按正确的程序进行业主入住手续办理	入住的内涵 入住的流程
认识物业管理日常服务	按服务规范进行日常物业服务	日常物业服务的内容 日常物业服务规范与注意事项
认识物业的撤管	妥善处理撤管时各方面的关系	物业服务企业的解聘条件和程序 物业服务企业在撤管中的责任

教学内容：

项目一　现行的质量评价标准

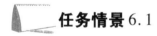

任务情景6.1

请查找本地区优秀住宅小区物业的基本资料，并了解它为什么可以被评为优秀住宅小区。

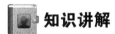**知识讲解**

一、现行的质量评价标准简介

1. 国家级"达标创优"

"全国物业管理示范住宅小区/大厦/工业区达标考评"是由国家建设部住宅与房地产业司每年年底组织的全国统一的物业管理达标考评。该考评设有全国物业管理示范项目的考评验收,合格者将授予"全国物业管理示范项目"称号;各省、自治区、直辖市申报项目的预检分值不得低于 98 分。全国物业管理示范项目达标考评的申报基本条件要求是:参评项目符合城市规划建设要求,配套设施齐全。住宅区、工业区建筑面积 8 万 m² 以上,别墅 2 万 m² 以上,大厦 3 万 m² 以上且非住宅建筑面积占 60% 以上,入住率或使用率达到 85% 以上;取得"省、自治区、直辖市级物业管理示范项目"称号 1 年以上;物业服务企业无重大责任事故;未发生经主管部门确认属实的有关收费、服务质量等方面的重大投诉。

全国物业管理示范项目达标获得荣誉称号后,由建设部每三年复检一次,复检合格的可继续保持"国优"称号。

2. 省、直辖市级"达标创优"

"省级物业管理优秀小区/大厦/工业区达标评比"是由各省建委每年组织的全省范围物业管理优秀小区/大厦/工业区评比。考评达标分数一般为 90 分,参加考评的小区/大厦/工业区由省内各城市推荐。考评合格后,可荣获省级"城市物业管理优秀小区/大厦/工业区"称号。达标后由各省建委每两年复检一次,复检合格的可继续保持"省优"称号。

3. 市级"达标创优"

"市级物业管理优秀小区/大厦/工业区达标评比"是由国内各主要城市自己每年举行的全市范围物业管理优秀小区/大厦/工业区评比。参加考评的小区/大厦/工业区达标后可荣获市级"物业管理优秀小区/大厦/工业区"荣誉称号。

4. 区级"达标创优"

"区级物业管理优秀小区/大厦/工业区达标评比"是由各主要城市的各区级住宅主管部门举行的全区物业管理优秀小区/大厦/工业区评比。参加考评的小区/大厦/工业区达标后可荣获区级"物业管理优秀小区/大厦/工业区"荣誉称号。

二、物业服务企业创优工作的步骤与基本工作要点

1. 确立"创优"目标

物业服务企业应首先确定准备"创优"项目的创优目标,即明确是达到"国优"标准还是"省优""市优""区优",以便为创优工作定下一个基本格调。确立"创优"目标时,应注意结合参加"创优"项目的实际情况和企业的保证能力进行。

2.成立创优领导小组

"创优"工作开始前,应由企业领导亲自挂帅成立"创优"领导小组。创优小组一般应由企业各部门的负责人和管理处主要领导组成。对于重要的"创优"工作,应由企业总经理亲自挂帅,以便加强"创优"工作的协调、支持力度,确保"创优"工作必要的人力、物力保障。

3.内部动员

"创优"开始时,应首先对内部员工,特别是参加"创优"项目的管理处的全体员工进行"创优"总动员。可以通过会议、宣传、加强管理力度等措施使相关员工尽快地进入紧张的"创优"工作状态,提高、加快工作效益和工作节奏,作好打硬仗、"吃苦"的准备。

4.对照"创优"标准进行内部整改

"创优"工作应当遵循"创优"标准,边整、边改、边对照,逐步达到"创优"标准。内部工作"创优"的整改包括"创优"项目硬件设施(房屋、设备、设施、环境等)的整改和"创优"资料(原始凭证、管理体系等)的完善两大部分。

(1)"硬件"设施完善

①所管理物业楼宇外观的完好、整洁。"创优"项目应当做到或基本做到楼宇外观完好,无墙皮剥落、乱涂乱画乱张贴现象,整洁无污染、锈迹,油漆鲜亮、标志清楚。住宅小区应特别注意阳台封闭的统一有序和不改变阳台的使用功能,各种外观清洁完好,无锈迹污染,无违反装修管理规定的乱拉线、乱搭建、随意改动门窗色调等现象。

②所管理的楼宇内部整洁、有序、安全。无违反装修管理和消防管理法规的乱搭、乱建、乱改(改动房屋的使用功能,特别是随意改动房屋结构)等违章现象。各类楼宇内部基本设施完好、整洁,标志完整、清晰。

③所管理项目的各类公共设施设备使用功能保持良好的工作状态。"创优"整改时应对照"创优"标准。特别注意两个方面的问题,一是各类公共配套设备设施的完备,即应当配置的公共配套设施设备不能缺项和随意减少;二是各类公共设施设备的使用完好率应注意达标,对日常管理中容易被忽略的设施设备,如路灯、路牌等,要特别加以注意,保持其使用的完好率。

④设备机房环境和设备表面维护管理应做到整洁、干爽,无灰尘、杂物,无虫、鼠害迹。整改时应特别注意机房的环境整改和设备表面的维护工作,力争做到机房整洁、干爽、通风降温和防护措施完善,设备表面光泽饱满、标志清晰,无油渍、锈迹、脱漆现象。

⑤消防系统配置齐全,标志清楚完善,消防疏散通道畅通。"创优"整改时应特别注意消防整改,力争做到消防设施设备齐全完好,可随时启用。消防疏散应急照明灯、

消防疏散指示牌、疏散图和标识齐全、完好。消防疏散通道畅通,无任何阻碍,特别注意高层建筑的防火通道无占用,停车场等易被忽略的消防隐患更要注意。

⑥二次供水系统、水池、水箱的清洁、消毒,煤气管道、电梯等设施设备的安全防护措施一定要完善到位。

⑦要特别注意"创优"项目各个死角的卫生,如商业网点门前、停车场、雨棚、天台、垃圾中转站、绿化花丛等处的卫生状况。严格管理,控制好项目内的乱张贴、乱涂画等现象,严禁在小区内饲养家禽。

⑧"创优"项目的环境美化对"创优"评比影响极大。整改时应特别注意环境美化、绿化的整改,力争做到使人耳目一新、赏心悦目,以有效地提高分值。

⑨公共秩序的整改要力争做到各类治安、交通标志完善齐备,各种必要的防护设施完好齐整,保安设备先进完善。

（2）迎检资料完善、真实、可靠

①产权资料。包括规划许可证、用地协议书、投资许可证、开工许可证、红线图、总平面图等。

②竣工验收资料。包括土建竣工验收书、消防竣工验收证明、水电竣工验收书、电梯竣工验收书、电梯准用证、通信系统竣工验收证明、燃气系统竣工验收证明等。

③管理移交资料。包括图纸移交记录、开发建设其他资料(如隐蔽工程记录等)移交记录、接管验收记录、钥匙移交记录、发展商委托管理合同书等。

④管理公司成立登记资料。包括营业执照、税务登记证、企事业法人代码卡、管理处营业执照、停车场营业执照、管理处管理用房产权资料等。

⑤业主委员会成立与活动资料。包括业主委员会章程、业主委员会社团法人登记证、业主委员选举产生记录、业主委员会成立记录、业主委员会召开的届次会议纪要、业主委员会发布的公告等。

⑥公众管理制度。

⑦所有内部管理标准作业规程(管理制度)。

⑧所有内部管理的日常质量记录。

⑨员工绩效考评结果记录。

⑩所有的业主和使用人的投诉记录。

⑪所有的业主和使用人的回访记录。

⑫所有的业主和使用人的报修记录。

⑬所有的业主和使用人的意见征集记录。

⑭所有的管理处对外通知、通告记录。

⑮所有的财务运作损益表和其他财务报表。

⑯所有的对外委托合同书。

⑰所有的员工培训记录。

⑱所有的员工岗位、职称证书、员工档案。

⑲小区业主和使用人的档案。

⑳所有的业主和使用人的装修管理档案。

㉑政府相关部门出具的无治安案件、火灾事故证明书。

㉒所有社区文化记录。

㉓所有的电梯年检、二次供水检疫、卫生消杀检疫证书。

㉔所有的标志复印件。

㉕所有的多种经营资料。

㉖所有的政府、业主和使用人、上级公司、外界对管理处工作的评价资料以及其他应提供的资料、记录。

5. 进行"自检"和"预检"

在整改硬件和整理"创优"迎检资料过程中,"创优"领导小组应不定期地组织"创优"项目管理处进行内部自检。每次自检均以目标为标准,详细、全面地进行自查自纠,对发现的问题详细记录下来并逐项落实到责任人身上限时整改完毕。"自检"一次、整改一次、提高一步,力争在较短的时间内大幅度地提高"创优"小区的迎检水平。

在"创优"迎检前一个月,内部整改即将结束的时候,"创优"领导小组应邀请行业专家对"创优"管理处进行正式迎检前的"预检"。"预检"完全采用正式检查评比的形式进行,由检查团依照评比标准,对"创优"项目的物业管理水准进行逐项验收,最后将结果总分和存在的问题逐一列出,以便在正式迎检前进行有针对性的最后准备并以此锻炼管理处的全体员工。

6. 迎检达标

在正式"创优"迎检前,"创优"项目应着重做好以下工作:

①硬件整改基本达标。

②资料、记录真实、全面、说服力强。

③取得业主和使用人的谅解和支持。

④取得业主委员会的支持和配合。

⑤选好业主和使用人代表,为向考评团汇报工作作好准备。"国优""省优"评比一般考评团都要求参加考评的项目有业主和使用人代表的发言和评价,因此,认真选好业主和使用人代表,赢得业主和使用人代表的鼎力支持,对考评至关重要。

⑥写好迎检汇报材料。迎检汇报材料是为向考评团汇报工作所用的发言稿。发言稿应突出"创优"小区的物业管理特色和成绩,简洁明快、重点突出,切忌冗长乏味。迎检汇报发言一般应包括项目简介、物业管理工作汇报、社区文化与精神文明汇报和

"创优"工作情况等。

⑦分工负责,注意迎检环境的布置。"迎检"环境的布置应注意对迎检气氛的烘托,力争创造出一个有利于迎检、能够给考评团留下"好印象"的环境。

⑧注意员工的仪表仪容、言行举止,以最饱满的精神风貌迎接考评。迎检时员工的仪容仪表、言行举止都应着力进行雕琢,"创优"领导小组应确保迎检员工以最饱满的精神风貌和精神状态参加考评,以求取得最佳的考评成果。

⑨迎检时人员的基本要求是,精神饱满,仪容整洁;纪律严明,紧张有序;热情大方,不卑不亢;举止得体,轻松活泼;自信严谨,应答适度。

迎检结束后,由"创优"领导小组写出总结材料,归档保存。

 任务指导6.1 完成任务情景6.1中的工作任务。

目的:对照标准,学习如何评定某一物业服务公司的质量等级。

步骤:第1步,查找《全国物业管理示范住宅小区标准及评分细则》和中物协颁发的《普通住宅小区物业管理服务等级标准》的文件;

第2步,查找本省市优秀住宅小区基本资料并参观该小区;

第3步,列举该优秀住宅小区的特色。

技能实训6.1

对照服务标准,如果你是物业服务公司的负责人,应该如何进行"达标创优"?

思考练习

(1)请问物业管理与服务标准合理吗?

(2)请列举当地某知名物业服务公司的创优经验。

(3)请问物业服务企业应该从哪些关键因素着手来提高服务质量?

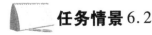 项目二 ISO 9000 **族质量管理体系认证**

任务情景6.2

某物业服务公司具有国家物业管理一级资质,并通过香港品质保证局 ISO 9001:2000 版国际质量管理体系认证和 ISO 14001:2004 版环境管理体系认证。公司获得"上海市机关后勤管理三优一满意达标优胜单位""上海市文明单位",并成为全国第二届物业管理协会理事成员、上海市质量协会会员单位、上海市物业管理行业协会常务理事单位。公司以"方方面面的安全、时时刻刻的温馨"为经营理念,以管理购物中心、超市、卖场、百货商厦、大型综合商场等商业物业为特色,延伸至高档商务楼、公寓、住宅小区等物业形态的管理,形成了管理物业类型齐全、信誉良好的综合规模经营。该公司确定的质量方针是:安全管理、温馨服务、技术创新、质量提升、追求顾客完全满意。

该质量方针与企业的经营理念完全一致,既包括了对企业的自我要求,也包括了对业主的承诺。即前16字是企业的自我行为规范,强调的是安全第一,这与企业的主要管理类型——商业物业的特点密不可分。温馨服务,是服务行业必须做到的。技术创新,是企业发展不竭的动力。这些为的是实现同一个目标:对内永不停止对质量提升的追求。而这是实现对业主和使用人的承诺——完全满意的先决条件。

如果你是该公司的一员,对照质量方针,你认为公司应该按照怎样的程序进行贯标?

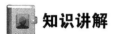 **知识讲解**

ISO 9000 质量管理体系

ISO 是国际标准化组织(International Organization for Standardization)的英文字母缩写。它成立于 1946 年,总部设在瑞士的日内瓦,是由各国标准化团体(ISO 成员团体)组成的世界性的联合会,也是联合国的一级咨询组织。中国也是该团体成员之一。制定国际标准的工作通常由 ISO 的技术委员会(ISO/TC 176)完成,各成员团体若对某种技术委员会确立的标准项目感兴趣,均有权参加该委员会的工作。

ISO 9000 质量管理体系是国际标准化组织于 1987 年 3 月正式发布的,是 ISO 推荐给各国采用的质量管理和质量保证标准。各国在采用这套标准时都应转化为本国的标准,如德国转化为 DIN 标准,日本转化为 IIS 标准,欧洲各国既有转化为本国标准的,也有采用统一的欧洲标准,即 EN 标准的。在我国,这套标准被转化为 GB/T 19000—ISO 9000:2000,表示它是完全等同采用 ISO 9000:2000 质量管理标准的中国国家标准。

一、ISO 9000:2000 质量管理标准的主要内容和特点

1. ISO 9000:2000 质量管理标准的主要内容

2000 版 ISO 9000 族质量管理标准有 4 个核心标准,即:

①ISO 9000:2000 质量管理体系——基本原理和术语;

②ISO 9001:2000 质量管理体系——要求;

③ISO 9004:2000 质量管理体系——业绩改进指南;

④ISO 19011:2000 质量和环境体系指南。

2000 版 ISO 9001 质量管理体系是 ISO 9000 族标准中的核心,它鼓励在制定、实施质量管理体系以及改进其有效性时采用过程方法,通过满足组织的顾客的要求来增强顾客满意度。

2000 版 ISO 9000 族标准反映了当代质量管理思想、质量经营观念、质量改进方法的变革和发展。国际著名的管理大师(如米兰、戴明、费根堡姆等)的质量思想和质量研究的成就都体现在新版 ISO 9000 族质量管理标准中。

2. 2000 版 ISO 9000 族质量管理标准的特点

①强调了持续的顾客满意是质量管理体系的动力。

②强调了对质量业绩的持续改进。

③能够满足各个行业对标准的需求和利益。

④将质量管理体系与组织的管理过程联系起来。

⑤减少了强制性的形成文件的程序的要求。

⑥易于应用、语言明确、易于翻译和易于理解。

⑦强调了 ISO 9001 作为要求标准和 ISO 9004 作为指南标准的协调的一致性,有利于企业的持续改进。

⑧能适用于各种组织的管理和运作。

二、物业管理行业实施 ISO 9000 质量管理标准的做法

1. 物业服务行业实施 ISO 9000 质量管理标准应把握的特性

物业服务行业实施 ISO 9000 质量管理标准有利于企业管理工作步入规范化、程序化、标准化轨道,有利于增强全体员工的质量意识和素质,使每位员工都清楚自己该做什么、在什么地方做、什么时间去做、怎么去做、做到什么程度,使物业服务公司将潜在的不合格的服务因素消灭在萌芽之中,从而降低质量管理成本,提高工作效率和经济效益。

物业管理行业不同于生产型企业,其产品是提供服务。所以,物业管理行业在推行 ISO 9000 质量管理标准时要时刻把握住以下特性。

①服务的对象是有情感色彩的"人"。

②服务是无形的。

③服务是不可储存的。

④服务是一次性的。

⑤服务的提供常常是不可预测的。

⑥服务更依赖于服务者的素质。

⑦业主的评价常常带有个人色彩。

2. 物业服务企业实施 ISO 9000 质量管理标准的做法

物业服务企业实施 ISO 9000 质量管理标准一般经过以下几个步骤:

（1）聘请顾问

实施 ISO 9000 质量管理标准是一项专业性、理论性很强的工作。物业服务公司初步导入该体系时应当聘请一位精通 ISO 9000 质量管理体系、同时又有一定的物业管理知识经验的人士作为专业顾问。其作用是指导公司的导入工作，协助建立物业管理文件化的质量管理体系，指导质量管理体系在本公司有效运行、培训员工。

（2）任命管理者代表

物业服务企业在实施 ISO 9000 质量管理体系时，应当首先由企业总经理任命一位管理者代表，协助自己领导 ISO 9000 质量管理体系的导入和维持改进工作。导入 ISO 9000 质量管理体系，领导力量的强弱至关重要，因此管理者代表一般由副总经理或总经理助理担任。其职责是：

①负责组织并协调 ISO 9000 质量管理体系的建立、实施、维持和改进；

②检查和报告质量管理体系的运行情况；

③协助总经理作好管理评审；

④主持 ISO 9000 质量管理体系文件的编制和实施工作。其主要权限是：处理与质量管理体系运行有关的问题；任命内部质量审核组长。

（3）成立品质部

ISO 9000 质量管理体系的导入和维持改进是一项长期的工作。为使质量管理体系在企业的运行得以有效维持，应当在实施 ISO 9000 质量管理体系之初成立专门的 ISO 9000 质量管理体系控制、实施部门，即品质部（规模较小的物业服务企业也可以由办公室兼任）。其主要作用是：

①在建立文件化质量管理体系阶段，负责编写本企业的质量管理体系文件；

②在运行阶段负责质量管理体系文件的发放、控制；

③运行质量的审核、控制、维持和改进；

④负责员工的培训和质量管理体系的对外联系工作及员工的绩效考评实施工作。

品质部的员工均由企业管理者代表从各部门的业务骨干中抽调组成。员工一般要求如下：具有较高的专业理论水平和文化知识，熟悉本部门专业工作，思维敏捷，原则性强。一般从每个职能部门抽调 1~2 名员工为宜。

（4）抽调业务骨干送外培训

导入 ISO 9000 质量管理体系，首先需要公司主要干部和专业从事 ISO 9000 质量管理体系的员工熟练理解 ISO 9000 质量管理体系的基本理论。企业开始实施 ISO 9000 质量管理体系之初，应当组织企业主要干部和品质部员工接受 ISO 9000 质量管理体系的基本理论培训，以更好地理解 ISO 9000 质量管理体系在物业管理中的重要意义，更好地支持 ISO 9000 的实施。品质部员工除应接受 ISO 9000 质量管理体系基本理论培训外，还应接受如何编写本企业的质量管理体系文件的培训。

（5）建立文件化质量管理体系

文件化质量管理体系的建立主要是指企业 ISO 9000 质量管理体系的文件的编制工作。

①ISO 9000 质量管理体系文件编写的基本要求包括：

A. 满足 ISO 9000 相关标准的要求。

B. 与物业管理的实际水平和实际要求相适应。

C. 全面完整，覆盖物业管理与服务的全部阶段和过程。

D. 具有可操作性和可检查评价性。

E. 不违背现行法律、法规。

F. 注意物业管理的行业特点。

G. 切忌生搬硬套 ISO 9000 质量管理体系的理论。

②质量管理体系文件的编写顺序：

A. 首先结合 ISO 9000 质量管理体系的基本要素和标准要求反思自身的工作。

B. 在充分理解 ISO 9000 质量管理体系的要素的基础上，着手将企业所有的管理与服务项目加以分类和归纳。

C. 写出编写大纲。

D. 画出每一个作业规程的作业流程图。

E. 开始着手编写。先编《作业规程》，解决怎样操作的问题；再编《程序文件》，解决怎样控制实施的问题；最后编《质量手册》，解决企业质量管理的质量目标、质量方针等宏观问题。

③编写的基本原则。

A. "说你所做的。"编写时一定要结合自己的工作实际来写，做什么、需要做什么、应当怎样做，该怎样写。ISO 9000 质量管理体系文件就是对工作及工作要求的真实反映。

B. "该说的一定要说到。"物业服务企业的 ISO 9000 质量管理体系文件，特别是作业规程一定要全面。不应认为有游离于 ISO 9000 质量管理体系之外的工作，不应认为有些工作是和质量无关的。因此，编制 ISO 9000 质量管理体系作业规程时应力求全面、真实地反映工作的实际需要，凡是不编制文件就可能引起工作失误的地方，都应当以规程加以描述和控制。

C. "重新反思管理。"编制作业规程的工作同时也是对现行工作进行认真反思的过程。"反思"就是依据 ISO 9000 质量管理体系标准和现代管理的要求从"效益、制约、成本、创新"的原则上去反思原有的管理水平，找到不足并加以改进。ISO 9000 质量管理体系文件决不仅是对原有工作的归纳和总结。

D. "预防为主。"ISO 9000 质量管理体系文件，特别是作业规程建立的目的是规范员工的工作行为,确保工作质量。因此在编制文件时一定要将可能在物业管理与服务工作中发生的问题预先性地在文件上用规程、制度加以预防。文件的主要作用就是通过建立完善的工作制度,法制化地预防、制约工作上的失误。

E."持续改进。"不应认为一次性编制完毕 ISO 9000 质量管理体系文件就可以健全法制、杜绝隐患,就可以一劳永逸。编制、修改作业规程是一项永久的工作。

F."语言通俗明白、繁简适宜。"编制的作业规程应让最基层的员工看明白并学会操作。

G."编写的是物业管理文件。"编制文件、引用标准要素时,一定要结合物业管理的特点去编、结合所管物业的特点去编,不能照搬硬套其他企业、其他项目的文件。

(6)ISO 9000 质量管理体系文件送交各部门审核

ISO 9000 质量管理体系文件初步编制完成后,管理者代表应立即着手组织将文件送至各实施部门主要负责人手中,对文件规定的内容展开全面、自由、无限制的论证。论证的内容为:文件是否适宜、是否全面、是否正确。

品质部应将讨论结果加以汇编后报总经理和管理者代表,最后依据合理的审核意见对 ISO 9000 质量管理体系文件作一次全面修改。

(7)内审员培训

在 ISO 9000 质量管理体系文件编制完毕后,企业应及时送总经理、管理者代表、品质部员工和公司其他主要干部外出接受 ISO 9000 内部质量管理体系审核员的培训,为质量管理体系的有效运行打好基础。品质部员工应当在参加培训并经考试合格后,获取国家技术监督局颁发的企业《注册内部质量审核员证书》。

公司总经理应当以文件的形式,在质量管理体系试运行前正式任命品质部成员为物业服务企业内部质量审核员。

(8)员工培训

在 ISO 9000 质量管理体系试运行之前,企业总经理应主持召开全体员工 ISO 9000 贯标动员大会,先从思想上、意识上为该体系在企业的推行作好准备。

管理者代表在将 ISO 9000 质量管理体系文件下发至各部门后,应立即组织企业员工全方位地进行质量管理体系文件的培训。培训应注意多层次、全方位地开展,直至员工基本能理解和掌握文件的要求。

(9)ISO 9000 质量管理体系试运行

ISO 9000 质量管理体系文件下发、培训完成后,开始进入试运行阶段。试运行阶段时间一般在 2 个月左右,其目的一是为了检验 ISO 9000 质量管理体系文件的适宜性和有效性,二是为了让员工严格按文件执行,养成良好的工作习惯,为 ISO 9000 质量管理体系在企业的正式推行打好基础。试运行的要求是:①按文件要求作业,严禁随意操作;②按文件要求记录,严禁弄虚作假;③通过正常渠道向品质部反映问题,严禁诋毁文件。

为了保证 ISO 9000 质量管理体系的有效试运行,企业应当制定严厉的惩罚措施,来确保执行的严肃性(此阶段也称作"强制阶段")。

(10)进行第一次内部质量审核

在 ISO 9000 质量管理体系试运行一段时间(1 个月左右)后,管理者代表应安排企业品质部 ISO 9000 对质量管理体系的运行质量进行第一次内部审核。审核的目的主要是:

①评价 ISO 9000 质量管理体系试运行的质量;

②评价文件化质量管理体系本身的质量;

③有针对性地帮助员工解决推行 ISO 9000 质量管理体系时出现的问题;

④严肃纪律,确保推行的真实性和有效性。第一次内部质量审核应当邀请外部专家和顾问协助进行。

(11)修改 ISO 9000 质量管理体系文件

在 ISO 9000 质量管理体系试运行完毕后,管理者代表应当组织品质部对企业的 ISO 9000 质量管理体系进行一次全面修改。修改的内容是:

①去掉不适宜的作业规程;

②增加遗漏的作业规程;

③修改不适宜、可操作性差、可评价性差的作业规程。经修改后的质量管理体系文件,应达到具有很强的操作性,与企业的运作实践相符合,完善周到、详细明了、严谨规范,具有很强的可检查和可评价性。

(12)ISO 9000 质量管理体系的运行与维持

总经理在 ISO 9000 文件化质量管理体系基本完善后,以正式通知的形式开始 ISO 9000 质量管理体系在企业的全面运行。ISO 9000 质量管理体系实施运行的基本要求是:①"做你所说",严格按文件工作,严禁随意作业、不按规程工作;②"记你所做的",严格依照工作的实际情况进行记录,严禁弄虚作假;③不允许抵触 ISO 9000 质量管理体系的推行。

品质部和各部门干部是 ISO 9000 质量管理体系是否能得以有效推行的保障。品质部通过随时的抽检和定期的内审来纠正、预防推行中出现的问题;各级干部则通过随时随地的工作检查、批评教育和行政处罚来保证 ISO 9000 质量管理体系的有效执行。

(13)第二次内部质量审核

在 ISO 9000 质量管理体系运行 2 个月左右时,管理者代表应开始着手安排第二次内部质量审核。内审的目的是:①发现执行中出现的不合格;②发现文件体系中的不合格;③有针对性地帮助员工解决推行中的各类问题。内审后,审核组应召开内审会议,分析出现不合格的原因,进一步完善文件化质量管理体系,惩处主观上故意抵制 ISO 9000 质量管理体系推行的员工,提高员工的工作水准。第二次内审后,品质部应依据审核结果和员工的合理建议来修正、完善 ISO 9000 质量管理体系。

(14)预审

预审是认证机构在正式审核之前对申请认证单位进行的一次预备审核。其目的是为了在事先充分了解申请认证单位质量管理体系的实际情况,以便作出是否进行正式审核的决定。

当 ISO 9000 质量管理体系实际有效平稳地运行了一段时间(至少 3 个月以上)后,物业服务企业可以向 ISO 9000 质量管理认证机构提请认证并预约好认证前的预审核。认证预审由企业提前 2 个星期向认证机构报送企业质量管理体系的一级文件(质量手册)、二级文件(程序文件)并经认证机构审核通过后,双方约定好预审的时间。

预审由企业管理者代表安排接待,全体员工均应在预审时恪守职责、认真工作,以确保预审的顺利进行。预审完毕后,企业品质部应当依据认证机构审核员的审核意见,认真地进一步修改质量管理体系文件,并监管执行。

(15)现场认证

预审通过后,企业应根据认证机构正式现场认证的时间来积极迎接现场认证。为迎接认证机构的现场认证,要做好下列工作。整理好所有的原始记录;整理好所有的文件;按文件规定整理好所管物业的硬件设施;以良好的精神风貌和工作状态迎接认证,做好准备工作。

企业总经理应亲自组织、安排迎接认证的准备工作。企业在认证机构进行现场认证时应积极配合,做好认证工作。

(16)通过质量管理体系认证

如果现场认证获得通过,在一般情况下经过认证机构对现场审核的批准后,企业将获得《ISO 9000 质量管理体系认证证书》。认证的通过标志着企业推行的 ISO 9000 质量管理体系是适宜的、有效的,对提高企业的声誉、规范管理、提高服务水准意义非凡。

(17)复检、质量管理体系的维持与改进

认证机构在公司通过认证后,每隔一段时间(1 年左右)将对企业进行复审,以有效地维持质量管理体系的有效性。

企业品质部是公司维持质量管理体系的日常管理部门。品质部依据《内部质量审核管理标准作业规程》和《品质部日常抽检工作标准作业规程》来有效地维持 ISO 9000 质量管理体系在企业的运行。

ISO 9000 质量管理体系是一个持续改进的体系,品质部应当视物业管理工作的发展变化和实际,不断地改进和完善物业服务企业的 ISO 9000 质量管理体系。质量管理体系文件每年至少应修改一次。

3. 建立质量管理体系应掌握的基本要点

根据 ISO 9000 族质量管理标准的要求和已取得认证公司的经验,在质量管理体系的建立、保持与改进过程中,取得以下共识是非常重要的。

①ISO 9000 质量管理体系应形成文件。即编制与本企业质量管理体系相适应的质量管理体系文件。文件应在总体上满足标准的要求;在具体内容上,应反映本企业的特点,要有利于企业所有职工的理解和贯彻。

②ISO 9000 质量管理体系既要满足公司企业质量的需要,同时也要充分考虑外部质量保证的要求。除业主的一些特殊要求外,两者的大多数内容应是一致或兼容的。

③在一个企业内,不同的服务可以有不同的要求,不同的业主可以选择不同的质量保证模式,但一个企业应建立并保持一个质量管理体系。这个质量管理体系应该覆盖该企业所处的所有质量管理体系情况。

④ISO 9000 质量管理体系的效果应能满足本企业和业主的需求和期望,并落实到最终服务上。应在企业和业主的利益、成本和风险等方面进行统筹权衡。

⑤ISO 9000 质量管理体系是在不断改进中得到完善的,而这种改进是永无止境的。企业应通过经常性的质量监督、内部审核和管理评审等手段,不断地改进体系。

4. 建立 ISO 9000 质量管理体系的基本要求

①强调质量策划。策划是一种活动,是公司对今后工作的构思和安排,策划结果应形成计划。高质量的服务和有效的质量管理体系需要经过精心的策划和周密的计划安排。事实上,任何一项新的服务项目或新的经营活动,取得成功的第一步就是做好质量策划并制订质量计划。

②强调以预防为主。所有的控制都是为了减少或消除不合格,尤其是预防不合格。全面质量管理中推行的预防为主的方针在 ISO 9000 族标准中得到了很好的体现。事实上,质量管理体系中的大多数要素都充分体现了以预防为主的思想。以预防为主,就是把质量管理的重点从管理结果向管理因素转移,不是等出现了不合格的服务才去采取措施,而是恰当地使用来自各方面的信息,分析潜在的不合格因素,将其消灭在形成过程中。

③强调满足业主对服务的要求。满足业主及其他受益者对服务的需求是建立质量管理体系的核心。所建立的质量管理体系是否有效,最终应体现在该公司所生产的产品——服务的质量上。

④强调系统化。一个物业服务公司在建立、保持和改进质量管理体系的各个阶段,包括质量管理体系的策划,质量管理体系文件的编制,协调各部门、各要素质量活动之间的接口,都必须树立系统化思想。

任务指导6.2　完成任务情景6.2中的工作任务。

目的:了解 ISO 9000 质量管理体系认证的工作内容。

步骤:第1步,查找贯标计划书;

　　　第2步,归纳贯标的工作程序。

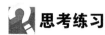 **技能实训**

请列举你所熟悉的通过了 ISO 9000 质量管理体系认证的管理项目,并简要介绍其情况。

思考练习

(1)ISO 9000:2000 质量管理标准的主要内容和特点是什么?

(2)简述质量管理体系文件的编写顺序。

模块七 物业服务人员的素质要求

教学目标：

能力要素	实际操作标准	知识要求
认识物业服务人员的职业道德	能按职业道德要求进行物业管理工作	职业道德内容
认识物业管理师专业知识和专业技能	知道物业管理师专业知识和专业技能要求	物业管理师专业知识和专业技能要求
认识物业管理职业资格证书	知道物业管理职业资格证书的考试要求	物业管理职业资格证书考取要求

教学内容：

项目一 职业道德

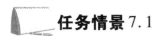 **任务情景**7.1

假设你是某知名物业服务公司的职员，请谈谈你对职业道德的理解，并将其中的某一个职业道德用案例加以说明。

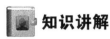 **知识讲解**

一、职业道德及其相关概念

1.道德的内涵

道德是指一定社会、一定阶级向人们提出的，处理人和人之间、个人和社会、个人与自然之间的各种关系的一种特殊的行为规范。它产生于早期原始社会，是区别人与动物的一个很重要的标志。

2. 职业的内涵

职业是指人们由于社会分工而从事具有专门业务和特定职责,并以此作为主要生活来源的工作。它既是人谋生的手段,也是人幸福和快乐的需求,更是人全面发展的重要条件。

3. 职业道德的内涵

职业道德是指从事一定职业劳动的人们,在特定的工作和劳动中,以其内心信念和特殊社会手段来维系的,以善恶进行评价的心理意识、行为原则和行为规范的总和。它是人们在从事职业的过程中形成的一种内在的、非强制性的约束机制。它是社会分工发展到一定阶段的产物,具有范围上的有限性、内容上的稳定性和连续性、形式上的多样性等特征。

4. 社会主义职业道德的内涵

2001 年 9 月 20 日中共中央颁布的《公民道德建设实施纲要》规定:要大力倡导以爱岗敬业、诚实守信、办事公道、服务群众、奉献社会为主要内容的职业道德,鼓励人们在工作中做一个好建设者。《纲要》对职业道德的这种规定,既体现了时代的鲜明特征,又概括了社会主义市场经济条件下各种职业道德的共同特点。所以,它适用于各行各业,是对各种职业道德的共同要求。

二、物业服务人员的职业道德要求

社会主义职业道德的基本规范体现在物业服务人员身上,可概括为如下 8 个方面。

1. 忠于职守,尽职尽责

各行各业所有的工作人员,都要忠于职守,热爱自己的岗位,这是对每一个人的基本要求,也是职业道德中的首要要求,是工作规范中的第一条。

所谓"忠于职守"就是要求物业管理人员忠诚于自己物业管理这一工作岗位。干上这一行就要热爱这一行,在干工作时不是三心二意,而是全心全意,自觉、主动地履行物业管理人员的各项职责,凡属于自己工作范围内的一切事情,一定不能推诿、拖拉,要认真做好物业管理的各项工作。

忠于职守,尽职尽责,要求物业管理人员要有强烈的事业心和职业责任感,不越位,不掺杂私心杂念,不渎职。在工作中,凡属于自己工作范围内的,就要干好。出现问题应该勇于承担责任,总结经验教训,再千方百计把它做好,真正为业主和使用人创造"安全、舒适、宁静、方便"的工作、生活、学习环境。

2. 兢兢业业,热情服务

兢兢业业,热情服务,就是在做事情时要非常谨慎、勤恳,认真负责,埋头苦干,任劳任怨。物业管理是为公众服务的,所接触的是各种性格、各种职业、各种文化层次、各种素质修养的人。俗话说:"一人干事,难称百人意。"自己做了工作,可能还会受到非议,这时也不应该产生动摇、泄气的想法,仍然需要踏踏实实,不计个人得失地干下去。

物业管理与服务对象的多样性,要求物业管理人员要有很好的心理素质和很好的适应性,无论对哪种类型的人都要热情服务。要做到对待生人和熟人一个样,对待官职高的人和普通百姓一个样,对待赞扬自己的人和批评自己的人一个样,工作忙时和工作闲时一个样,个人累时和轻松时也要一个样。任何时候,都不能把个人的情绪带到工作中。只有这样认真、细致、谨慎、勤恳地工作,才能得到领导和更多业主和住户的满意。

3. 积极主动,讲求时效

物业管理的内容多、范围广、要求急、情况复杂,这是从事物业管理工作的每一个人都能体会到的事实。从管理的内容上,要管理物业区域内的所有建筑物及其各种配套设备设施;从管理的范围上看,大到房屋修缮,小到炉灶上一个螺丝钉。要把各个方面的工作做好,单纯依靠领导分配什么干什么是不行的,必须依靠全体物业管理人员的积极性和主动性。

积极主动,就是要进取向上,不依靠外力推动自己。只要属于自己工作范围内的事情,不要再等领导布置、别人提醒,要主动把它干好。要做到人找工作,不要让工作找人。干工作时,要讲求时效,记住时间就是金钱、质量就是生命。凡是用户需要做的事,都是重要的事,都要分秒必争、尽快干好,决不能拖拖拉拉、互相推诿。因为,能不能及时为用户排忧解难,是能不能让用户满意的问题,关系到自己所在企业的形象。

讲求时效。发现问题如不立即解决就有可能发生危险时,无论如何必须马上采取措施,避免险情。如果是一般水、电、气、取暖方面的问题,虽然当时不处理不会发生什么危险,也要力争当日给用户答复。即使一些土木工程,只要不属大型建筑和改建、扩建项目,也应该在 3 日之内给用户有交代。

4. 实事求是,办事公道

物业管理人员必须坚持实事求是的工作作风,一切从实际情况出发,不夸大、不缩小,客观、正确地对待和处理问题。各项工作要求准确无误,把住/用户需要解决的问题及时反映给领导或有关人员。反映情况时,好事、坏事都要报,切忌报喜不报忧,只报成绩不报失误。要根据企业现有的条件,实事求是地解决住/用户提出的问题。实事求是,还要求在工作中,切忌主观臆断、捕风捉影,分析问题要从客观实际出发,要看到全面、防止片面。

办事公道,也是物业管理人员必须坚守的信条。物业管理人员在为住/用户服务时,在处理一些矛盾时,在办一切事情时,不搞暗箱接待,不分生人熟人,都要主持公道,要一碗水端平,切实做到公平、合理。支持合情、合理、合法的行为,反对无情、无理和违法的行为。按照情理和法律去完成各项工作,处理一切问题。遇到情理与法律相矛盾时,要依法行事。

办事公道往往和廉洁奉公有着密切的关系。只有做到廉洁奉公、不谋私利,不受任何人的贿赂利诱,随时抑制行业不正之风,一切按规定、按制度、按规范办事,才能做到办事公道。

5. 遵守纪律,奉公守法

遵守纪律,奉公守法,是所有公民都应该遵循的,是合格公民应尽的义务。对物业管理人员来说,遵守纪律,奉公守法,是进行正常工作的基本条件和基本要求。遵守纪律就是要求物业管理人员能够按照企业的规章制度,按时出勤,上班时不做与本职工作无关的事;坚守岗位,集中精力把本职工作做好。

奉公守法,就是要求物业管理人员在职业活动中坚持原则,不利用职务之便牟取私利,不搞你给我一点好处、我给你一点实惠,搞权钱交易的"等价交换"。要以国家利益、企业利益和群众利益为重,自觉奉献,不为个人牟取私利。物业管理人员要一心为企业、一心为用户着想,与企业共荣辱,在自己的实际行动中,抑制不正之风。要认真学习和严格遵守国家法律法规,以自己的行动去影响、带动周围群众,在搞好物质文明建设的同时,共同把物业区域内的精神文明建设得更好。

6. 谦虚谨慎,文明礼貌

谦虚谨慎,文明礼貌,就是要求物业管理人员能够虚怀若谷,做到虚心、不自满,取人之长、补己之短,时刻谨记"谦虚使人进步,骄傲使人落后"。特别是在自己取得一定成绩时,不可自命不凡、盛气凌人。只有始终保持谦虚谨慎,才能以平等的态度与他人共处。虚心听取他人意见,才能搞好合作,协调矛盾,推动工作。

文明是相对野蛮而言的,是人类进步的象征;礼貌是对别人表示的尊敬。文明礼貌应该成为物业管理人员待人接物时的行为准则。文明礼貌,就是要求与人谈话时耐心、细心,态度热情,尊重他人意见、听取别人意见,不把自己的意志强加给别人。

7. 刻苦学习,提高素质

"活到老,学到老",我们现在所处的时代日新月异,每时每刻都有新生事物出现,学习的内容更加丰富,物业管理中出现的问题日趋复杂,这就要求物业管理人员不断提高自身素质,才能适应工作的需要。要提高自己的素质就得学习,学习政治、学习文化知识,提高自己的觉悟和修养;学习现代科学技术知识,开阔视野,不断接受新事物,研究新问题。目前,国际上普遍开展终身教育、继续教育,我们当然也要参加到各类学习中去。

8. 钻研业务,掌握技能

随着物业管理内容的增多、范围的扩大、要求的不断提高,物业管理人员必须钻研业务。不仅要掌握原有的业务知识,还要学习现代化的管理知识、业务技能,必须了解和掌握建筑业和物业管理中的新知识、新工艺、新办法、新成果,结合我国实际情况,运用到物业管理工作中去。每个管理人员不仅要会管理,还要掌握物业管理工作的各项技能,掌握一些能大大提高工作效率的技术,如计算机技术、办公设备的使用技术等。

任务指导 7.1 完成任务情景 7.1 中的工作任务。

目的:了解职业道德的相关要求,能将职业道德的要求应用在自己的工作中。

步骤:第 1 步,分析职业道德主要要求我们做到哪些方面;

第 2 步,你印象最深刻的是哪一个方面;

第 3 步,用案例加以说明。

 技能实训 7.1

阅读如下内容,进行相反式场景模拟。

一、礼貌

(1)接触宾客时应运用礼貌用语,主动向客人问好、道歉、道别。

(2)见面礼节一般是欠身点头问候或鞠躬问候,客人主动伸手则行握手礼。

(3)与客人同行时,不得抢道而行;与客人相遇应靠边而走,不得从二人中间穿行,请人让路要讲"对不起"。

(4)员工上、下楼原则上乘坐货梯。

(5)不随意打听客人的年龄、职务、家庭、小孩、工资收入等其他私事,也不轻易向客人了解随身的服装、金银首饰及贵重用品的价格、产地。

(6)不轻易接受客人赠送的礼品,如出现不收可能失礼时,应表示深切的谢意,礼品收下后应及时交领导处理。

(7)咳嗽、打喷嚏时应转身向后,并说"对不起"。

(8)员工在工作时接听电话或与客人交谈时,如有客人走近,应立即示意,以表示已注意其来临,不得无所表示,等客人先开口。

二、仪容

(1)身体、面部、手部必须清洁,提倡每天洗澡,换洗衣物。

(2)每天要刷牙、漱口,提倡饭后刷牙、漱口,上班前不吃异味食物,以保证口腔清洁。

(3)头发要常洗,保持整齐,上班前要梳头,提倡加少量头油,头发不得有头屑。

(4)女员工上班要化淡妆,前发不遮眼,不留长指甲,不涂指甲油。

(5)男员工发不遮眼,不留大鬓角和胡须。

(6)左胸处佩戴工牌,不得任其歪歪扭扭,注意修整。

三、制服

(1)员工上班时间着装应干净、整齐、笔挺。

(2)纽扣要扣好。穿西装制服时,不论男女纽扣均须扣上,不得敞开外衣,不得卷起裤脚、衣袖,领带必须结正。

(3)只准着皮鞋上班,禁止着凉鞋。女员工只准着肉色袜,其他颜色和带花边、通花的袜子一律不准穿着,袜头不得露出裙脚,袜子不得有破洞。

四、仪表

(1)站立时姿势端正,双脚稍微拉开,双手后背或自然下垂。

(2)面对住户应表现热情、真实、友好、微笑,做到精神振奋、情绪饱满、不卑不亢。

(3)和住客交谈时应眼望对方,合适时机应点头称是。

(4)双手不得叉腰、交叉胸前、插入衣裤兜或随意乱放其他部位。

(5)不准在住户面前吸烟、吃东西、打呵欠、抓头皮、挖耳鼻等。

(6)行走时步伐轻稳,不三五成群,不搭膊搂腰,边走边笑,大声喧哗。

(7)不得哼歌曲、吹口哨。

(8)不得随地吐痰,乱丢杂物。

(9)在客人面前不得经常看手表。

(10)和客人讲话时应全神贯注,用心倾听,不得东张西望、心不在焉。

(11)在为客人服务时不得流露出厌烦、冷淡、愤怒、僵硬、紧张和恐惧的表情,不得扭捏作态,做鬼脸、吐舌眨眼。

五、电话

(1)所有来电,务必在3响之内接答。

(2)通话时,通话声音尽量压低,以免影响他人;中途若需与他人交谈,应用另一只手捂住听筒。

(3)必要时要做好记录,通话要点要问清,然后向对方复述一遍。

(4)对方挂断之后,方为通话完毕,任何时候不得用力掷听筒。

(5)在工作区域内不得打私人电话,家人有急事来电,应从速简洁通话。接听他人电话,应代为记录。

六、主动

(1)热情主动是物业管理员工必须遵守的职业道德。

(2)主动提供服务,主动征询意见,主动问好道谢,主动礼让。

(3)主动开启电梯,主动提拿行李,主动拾起地面杂物,主动对老弱病残提供特别服务。

(4)主动发现问题,主动向上级反映问题。

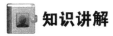

思考练习

（1）物业管理人员的职业道德是怎么样的？

（2）优秀物业管理人员必须注意的道德要求是什么？

项目二　专业知识和专业技能

任务情景7.2

假设你是物业服务公司人力资源部负责人，请问在招聘物业服务人员时你主要从哪些方面来进行考核？

知识讲解

一、专业知识

物业管理与服务的对象是"人"，其核心是以"人"为中心延伸的各项服务。小社区、大社会反映出物业管理与服务的需求，服务范围、服务质量、物业服务与收费质价相等的原则，物业服务企业与业主委员会、居委会的关系，物业服务企业与各专业公司、政府各行业主管部门的协调配合等关系，决定了物业管理与服务人员要具有一定相关学科的基础知识和能掌握运用有关法律法规。从总体上讲，根据《物业管理师制度暂行规定》，物业管理与服务人员应当具备如下专业知识。①掌握物业管理、建筑工程、房地产开发与经营等专业知识；②具有一定的经济学、管理学、社会学、心理学等相关学科的知识；③能够熟练运用物业管理相关法律法规和有关规定。具体可分为以下两大类：

1. 专业技术基础知识

①人际沟通与社交礼仪知识。通过对《现代礼仪与人际沟通》《管理心理学》的学习，从心理素质、逻辑思维、人际关系、交谈演讲、肢体语言以及现代传媒、职场竞争、一般社交、涉外活动等诸多方面掌握人际沟通与社交礼仪的基本规范。

②财务管理知识。通过对《物业服务费用管理与财务基础》课程的学习，学会设置会计科目与账户、复式记账、填制与审核会计凭证、登记会计账簿、财产清查和编制会计报表；掌握物业服务企业收入、成本费用的会计管理与核算方法。

③法律知识。通过对《物业管理法规解读》的学习，掌握物业管理实施过程中所涉及的法律法规和相关条款的基本知识及其实务。

④自动化办公知识。通过对《计算机基础知识》《现代办公技能实训》的学习,了解现代办公技术工具,掌握 Office 等编辑处理软件,电子邮件收发、网络信息传递、网页浏览等网络技术,熟悉打印机、扫描仪、数码相机等计算机外设及硬件,电话机、传真机、复印机等各类现代化 OA 办公设备的基本知识和使用技巧。

⑤房屋构造与识图基本知识。通过对《房屋构造与识图》的学习,掌握投影基础知识,建筑平面图、立面图、剖面图的形式、内容及表示方法,房屋构造的基本原理、材料组成、细部做法,常见构造类型、构造图、全套工程图的识图方法。

2. 综合化专业知识

①物业服务企业基本知识。通过对《物业管理与服务》《物业企业经营管理实习模块》的学习,掌握物业服务企业的组织架构和宗旨、物业服务企业的成立和资质等级,了解企业的运作方式,掌握各个部门的岗位职责和工作制度。重点掌握业务拓展和人力资源管理知识。

②物业服务内容和工作规范。通过对《物业管理与服务》《物业管理处岗位实习模块》的学习,掌握管理处的组织架构、岗位职责和工作规范,各个部门的工作要点和工作技巧。重点掌握国家示范性住宅小区/大厦/园区的评分标准。

③房地产开发流程和营销知识。通过对《房地产开发与经营》《服务营销》《房地产市场营销》的学习,熟悉房地产的开发流程,了解进入使用领域的物业是如何被开发出来的。着重掌握房地产市场营销的相关知识。

④突发事件处理预案设计。通过对《物业设备设施管理》《模拟岗位实习》的学习,了解在日常服务中一些常见突发事件的处理预案。重点掌握客户接待和服务、工程管理和安全管理方面的预案。

二、专业技能

作为一名优秀的物业管理与服务人员,仅仅掌握专业知识是不能适应行业发展需要的,必须具有较为过硬的专业技能。专业技能主要包括专业基本技能和专业综合能力两种。

1. 专业基本技能

①人际沟通与社交能力。通过对《现代礼仪与人际沟通》的学习,具备有关人际沟通与社交礼仪的基本知识,掌握沟通技巧,规范礼仪行为,形成完美、有效沟通的能力。

②物业设备设施管理与维护能力。通过对《物业设备设施管理》《物业设备操作与维护实训》的学习,具有对物业的给排水、供配电、空调通风、消防、智能化系统进行操作、维护和管理的能力。

③房屋维护与装修监管能力。通过对《房屋构造与识图》的学习,具备房屋维修保养管理和房屋构造识图能力,能审核、监管房屋的二次装修。

④物业秩序和环境管理能力。通过对《物业管理与服务》《小区绿化维护与管理》

的学习,具备物业区域安全护卫、车辆管理、保洁和绿化管理的能力。

2.专业综合能力

①社区文化建设能力。通过对《节事活动策划与管理》《顶岗实习》的学习,具备策划和组织物业区域内的文化活动、建设和谐社区的能力。

②客户服务能力。通过对《管理心理学》《物业管理与服务》《物业客户服务及管理》《模拟岗位实习》的学习,具备客户前台接待、报修与投诉处理、组织业主入住和进行装修监管、收费、客户资料的收集和档案的管理等能力。

③房地产开发与营销能力。通过对《房地产开发与经营》的学习,具备熟悉房地产项目的开发流程、进行房地产市场营销的能力。

④物业服务企业经营与管理能力。通过对《物业管理与服务》《人力资源管理》《物业企业经营管理实习模块》《物业管理处岗位实习模块》的学习,具备综合经营服务、市场开发、培训与指导等能力。

任务指导7.2　完成任务情景7.2中的工作任务。

目的:了解物业服务公司对物业服务人员的招聘条件。

步骤:第1步,查找物业公司的招聘简章,分析对物业服务人员的招聘要求;

第2步,有条件时以应聘者身份参与一次真实的招聘;

第3步,归纳物业公司对物业服务人员的岗位要求。

技能实训7.2

2010年9月,刘某入住某高档住宅小区,拒绝签订小区《业主公约》和《物业服务合同》。2011年7月,刘某对自己的住宅进行装修,未经相关部门的批准,便擅自改变房屋的承重结构。为此,某物业服务公司以刘某装修破坏房屋结构,且施工影响小区的他人休息、危及房屋安全为由加以制止,又被刘某拒绝。为此,某物业服务公司向人民法院起诉刘某。

结合所学的相关知识和案情回答以下问题。

(1)刘某与某小区的物业服务公司之间是一种什么法律关系?说明理由。

(2)刘某的上述行为是否违反物业管理法规,为什么?

 思考练习

结合所学的知识,谈谈一名优秀的物业服务人员提高专业技能的途径有哪些?

项目三　职业资格证书

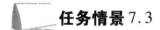

任务情景 7.3

在毕业前要拿到物业管理行业从业资格证,假设你准备考物业管理员上岗证,请问应该从哪些方面进行准备?

 知识讲解

国家《物业管理条例》规定,物业管理从业人员必须按国家有关规定取得职业资格证书。物业管理职业资格证书是物业管理从业人员就业、应聘的必备证书。原劳动部制定并颁布的《物业管理国家职业标准》,标志着我国物业管理的职业培训和资格认证有了统一规范。2002 年起,国家开展物业管理员职业资格考核鉴定。下面对物业管理职业资格证书作简要介绍。

一、职业概况

1. 职业名称

物业管理员,助理物业管理师和物业管理师。

2. 职业定义

职业定义是指按照物业管理与服务合同约定,通过对房屋建筑及与之相配套的设备设施和场地进行专业化维修养护管理以及对相关区域环境卫生和公共秩序进行管理,为业主、使用人提供服务的人员。

3. 职业等级

本职业共设 3 个等级,分别为物业管理员(国家职业资格四级)、助理物业管理师(国家职业资格三级)、物业管理师(国家职业资格二级)。

4. 职业环境

室内、外。

5. 职业能力特征

具有一定的观察、分析、判断和计算能力,以及较强的沟通和表达能力。

6. 基本文化程度

高中毕业(或同等学历)。

7. 培训要求

(1)培训期限

全日制职业学校教育,根据其培养目标和教学计划确定。晋级培训期限;物业管理员不少于 220 标准学时;助理物业管理师不少于 180 标准学时;物业管理师不少于 150 标准学时。

（2）培训教师

培训物业管理员的教师应具有本职业助理物业管理师职业资格证书或相关专业中级及以上专业技术职务任职资格;培训助理物业管理师的教师应具有本职业物业管理师职业资格证书或相关专业中级及以上专业技术职务任职资格 2 年以上;培训物业管理师的教师应具有本职业物管理师职业资格证书 2 年以上或相关专业高级专业技术职务任职资格。

8.鉴定要求

（1）适用对象

从事或准备从事本职业的人员。

（2）申报条件

①物业管理员(具备以下条件之一者)：

★在本职业连续工作 1 年以上,经本职业物业管理员正规培训达规定标准学时数,并取得结业证书。

★在本职业连续工作 2 年以上。

★取得本专业或相关专业大专及以上毕业证书。

②助理物业管理师(具备以下条件之一者)：

★取得本职业物业管理员职业资格证书后,连续从事本职业工作 2 年以上,经本职业助理物业管理师正规培训达规定标准学时数,并取得结业证书。

★取得本职业物业管理员职业资格证书后,连续从事本职业工作 3 年以上。

★取得本专业或相关专业大学本科及以上毕业证书。

③物业管理师(具备以下条件之一者)：

★取得本职业助理物业管理师职业资格证书后,连续从事本职业工作 4 年以上,经本职业物业管理师正规培训达规定标准学时数,并取得结业证书。

★取得本职业助理物业管理师职业资格证书后,连续从事本职业工作 5 年以上。

（3）鉴定方式

分为理论考试与技能操作考核两部分。理论知识考试采用闭卷笔试方式,技能操作考核采用模拟实际操作等方式。理论知识考试和技能操作考核均实行百分制,成绩皆达 60 分及以上者为合格。物业管理师鉴定还须进行综合评审。

（4）考评人员与考生配比

理论知识考试考评人员与考生配比为 1∶15,每个标准教室不少于 2 名考评人员;技能操作考核考评员与考生配比为 1∶15,且不少于 3 名考评员;综合评审委员不少于 5 人。

（5）鉴定时间

理论知识考试时间为 90 分钟,技能操作考核时间为 120 分钟,综合评审时间不少于 30 分钟。

（6）鉴定场所设备

理论知识考试在标准教室进行,技能操作考核在标准教室或模拟物业管理环境中进行。

二、基本要求

1. 职业道德

（1）职业道德基本知识

（2）职业守则

①遵纪守法,爱岗敬业。

②工作认真,尽职尽责。

③诚实守信,热情服务。

2. 基础知识

（1）物业管理基本概念

①物业与物业管理。

②物业管理的主要内容与过程。

③物业管理的基本原则。

④物业管理的服务质量标准。

⑤物业管理人员的素质要求。

（2）物业管理机构基本知识

①物业服务企业。

②业主大会与业主委员会。

③物业管理相关机构。

（3）住宅小区的物业管理知识

①住宅小区的构成与特点。

②住宅小区物业管理的内容与特点。

③住宅小区物业管理的目标与要求。

（4）写字楼的物业管理知识

①写字楼的类型与特点。

②写字楼物业管理的方式与目标。

③写字楼物业管理的内容与特点。

④写字楼的租赁管理。

（5）商业场所的物业管理知识

①商业场所的类型与特点。

②商业场所物业管理的内容与特点。

③商业场所的租赁管理。

（6）工业区的物业管理知识

①工业区的构成与特点。

②工业区物业管理的内容与特点。

（7）其他类型物业管理知识

①其他物业的主要类型。

②其他类型物业管理的特点。

（8）相关法律法规知识

①物业管理法律常识。

②物业管理的法律法规。

③物业管理的相关政策。

三、工作要求

本标准对物业管理员、助理物业管理师和物业管理师的技能要求依次递进，高级别涵盖低级别的要求。

1. 物业管理员（表 7.1）

表7.1　物业管理员要求

职业功能	工作内容	技能要求	相关知识
客户管理服务	日常客户服务	1. 能够向业主或使用人提供入住服务 2. 能够做好客户接待工作并能处理一般客户投诉 3. 能够拟写物业管理的常用文书 4. 能够建立与管理物业管理档案	1. 接待服务规范 2. 接待工作礼仪常识 3. 物业管理常用文书写作基本知识 4. 档案管理基本知识 5. 物业管理合同及房屋租赁合同内容
	收费服务	1. 能够按时收取物业管理费用 2. 能够代收水、电、气等费用	1. 物业管理费用的构成 2. 有关物价的政策、法规 3. 物业管理的收费原则 4. 代收、代缴费用的范围
物业维护管理服务	房屋建筑维护管理	1. 能够阅读简单的建筑施工图 2. 能够向业主和使用人说明房屋使用注意事项 3. 能够组织、管理有关人员对房屋进行日常养护和维修 4. 能够管理、监督室内装饰、装修工程	1. 房屋构造与识图的常识 2. 房屋日常维修养护的内容 3. 室内装饰、装修管理规定

续表

职业功能	工作内容	技能要求	相关知识
物业维护管理服务	房屋附属设备设施维护管理	1. 能够向业主和使用人说明房屋附属设备设施的功能和使用注意事项 2. 能够组织有关人员对房屋附属设备设施进行日常保养和维修	1. 房屋附属设备设施的构成与分类 2. 房屋附属设备设施的使用知识 3. 房屋附属设备设施的日常养护知识 4. 水、电、暖、气、消防等设施的一般维修知识与安全操作规程
环境管理服务	安全服务	1. 能够组织保安人员提供安全保卫服务 2. 能够执行消防制度,并正确设置和使用消防器材 3. 能够进行管区车辆管理 4. 能够及时处理突发事件	1. 管区内的安全服务管理制度 2. 安全保卫常识 3. 防火规范和消防要求 4. 车辆管理知识 5. 处理突发事件的基本常识
	环境保洁与绿化美化管理	1. 能够组织有关人员对环境污染进行防治 2. 能够组织有关人员进行卫生保洁 3. 能够组织有关人员对环境进行绿化、美化	1. 环境保护的基本知识 2. 环境保洁的内容与要求 3. 环境绿化、美化的基本知识

2. 助理物业管理师(表 7.2)

表 7.2　助理物业管理师要求

职业功能	工作内容	技能要求	相关知识
方案制订	物业接管验收与撤管	1. 能够根据委托合同拟订物业的接管验收与撤管方案 2. 能够组织物业的接管验收与撤管	1. 制订物业管理合同的基本要求 2. 房屋接管验收标准
	物业费用管理	1. 能够测算物业管理费用 2. 能够组织、安排、指导物业管理费的收取工作	1. 物业管理费用的测算方法 2. 物业管理与服务收费管理办法
	房屋租赁服务	能够拟订房屋租赁合同	1. 房屋租赁的有关规定 2. 房屋租赁市场预测的基本知识
客户管理服务	客户关系管理	能够与客户进行有效沟通	1. 心理学基本知识 2. 公共关系基本知识
	文体娱乐活动的组织与管理	能够在管区内组织和管理各种有益的文体娱乐活动	社区文体娱乐活动的组织与管理知识

续表

职业功能	工作内容	技能要求	相关知识
物业维护管理服务	房屋建筑维护管理	1. 能够阅读简单的建筑工程图 2. 能够进行房屋安全管理 3. 能够进行房屋养护维修管理 4. 能够进行房屋维修工程施工管理 5. 能够拟订房屋养护维修管理制度 6. 能够拟订房屋装饰、装修管理制度 7. 能够组织、检查、验收房屋装饰、装修工程并按规定处理相关事宜	1. 建筑构造与识图的基本知识 2. 房屋完损等级评定标准 3. 城市危险房屋管理规定 4. 房屋维修管理的内容与要求 5. 房屋修缮工程施工管理规定 6. 建筑装饰、装修管理规定
	房屋附属设备设施维护管理	1. 能够拟订房屋附属设备设施养护维修管理制度 2. 能够进行房屋附属设备养护管理 3. 能够进行房屋附属设备设施管理 4. 能够运用智能化管理系统进行管理 5. 能够对关键特种设备的委托维修养护工作进行管理	1. 各类房屋附属设备设施的使用规程 2. 房屋附属设备设施计划养护的基本知识 3. 房屋险情设备设施维修管理规定 4. 楼宇智能化系统的基本知识与管理知识
环境管理服务	安全服务	1. 能够设置安全管理服务机构 2. 能够拟订和实施安全保卫服务管理制度 3. 能够拟订和实施消防管理制度 4. 能够拟订和实施车辆管理制度 5. 能够预防和处理突发事件	1. 安全管理服务机构的基本知识 2. 安全管理服务的原则和方式 3. 安全管理服务的设施与装置
	环境保洁与绿化、美化管理	1. 能够设置环境管理服务机构 2. 能够拟订和实施环境污染防治管理制度 3. 能够拟订和实施环境卫生保洁管理服务制度 4. 能够拟订和实施环境绿化、美化管理制度	1. 环境管理服务组织机构的基本知识 2. 环境管理服务的原则和方式 3. 环境管理服务设施 4. 居住区绿化标准
管理与培训	培训与指导	1. 能够对物业管理员进行业务培训 2. 能够指导物业管理员的工作	物业管理员培训方法与考核基本知识

3.物业管理师(表7.3)

表7.3　物业管理师

职业功能	工作内容	技能要求	相关知识
方案制订	物业管理方案拟订	1.能够在物业管理早期介入中对物业的规划设计方案、施工质量等提出合理建议 2.能够根据委托合同拟订物业管理方案 3.能够拟订各项物业管理制度 4.能够拟订管区内物业再开发利用方案	1.居住区规划知识 2.房地产开发基本程序 3.前期物业管理知识 4.物业管理可行性研究基本知识 5.物业管理制度及拟订管理制度的基本知识 6.物业再开发利用的原则和条件 7.停车场(库)建设的基本知识
	资金管理	1.能够拟订物业管理费用收支计划并控制预算 2.能够对专项维修基金的使用进行管理 3.能够处理物业管理收费纠纷	1.物业管理费用预算知识 2.物业服务企业财务管理规定 3.专项维修基金管理办法
物业维护管理服务	维护指导	1.能够拟订和实施房屋及附属设备设施的维修养护计划 2.能够进行房屋养护维修技术管理 3.能够拟订管区内安全防范设施的设置方案	1.房屋养护维修技术管理知识 2.住宅防范设施管理规定
	维修预算	1.能够编制房屋维修预算方案 2.能够编制设备设施的维修、更新预算方案	1.房屋修缮定额知识 2.房屋修缮预算知识 3.设备设施维修预算知识
综合服务	综合经营服务	1.能够策划经营服务项目 2.能够组织开展经营服务工作	1.经营服务项目市场预测基本知识 2.经营服务项目的要求及标准
管理与培训	物业管理市场开发	1.能够进行物业管理的市场开发 2.能够编制物业管理投标书,参加物业管理招标和投标活动	1.市场营销的基本知识 2.物业管理招标和投标的基本知识
	培训与指导	1.能够对物业管理师级别以下的人员进行业务培训和指导 2.能够拟订和实施员工业绩考核 3.能够撰写专业论文	1.绩效考核的基本知识 2.论文写作常识

4.理论知识比重表(表7.4)

表7.4　理论知识比重表

项　目			物业管理员/%	助理物业管理师/%	物业管理师/%
基本要求	职业道德		5	5	5
	基础知识		25	25	25
相关知识	客户管理服务	日常客户服务	15	—	—
		收费服务	10	—	—
		客户关系管理	—	5	—
		文体娱乐活动的组织与管理	—	2	—
	方案制订	物业接管验收与管理	—	8	—
		物业费用管理	—	10	—
		房屋租赁服务	—	3	—
		物业管理方案拟订	—	—	25
		资金管理	—	—	10
	物业维护管理服务	房屋建筑维护管理	15	12	—
		房屋附属设备设施维护管理	10	12	—
		维护指导	—	—	10
		维护预算	—	—	5
	环境管理服务	安全事务	10	8	—
		环境保洁与绿化、美化管理	10	8	—
	综合服务	综合经营服务	—	—	8
	管理与培训	物业管理市场开发	—	—	10
		培训与指导	—	2	2
合　计			100	100	100

任务指导7.3　　完成任务情景7.3中的工作任务。

目的:能清楚地知道如何备考职业资格证书。

步骤:第1步,找到当地《物业管理员》上岗证的报考机构,达到报考条件时报名参加考试;

　　　第2步,根据考试指南进行考前复习。

 **技能实训**7.3

假设你是某物业服务公司的行政秘书,请根据委托合同拟订一份管区物业管理方案。

思考练习

请在规定时间内独立完成附录中的物业管理职业资格考试模拟题。

附：物业管理国家职业资格二级全国统一鉴定考试

第一部分 职业道德

(1—25题,共25道题)

一、职业道德基础理论与知识部分(第1—16题)

答题指导

◆该部分均为选择题,每题均有四个选项,其中单项选择题只有一个选项是正确的,多项选择题有两个或两个以上是正确的。

◆请根据题意的内容和要求答题,并在答题卡上将所选答案的相应字母涂黑。

◆错选、少选、多选,则该题均不得分。

(一)单项选择题(第1—8题)

1.以下关于道德的说法中,你认为正确的是( )。

　　A.道德缺乏历史继承性

　　B.道德标准不具有时代性

　　C.人们所做的一切工作都可以作道德评价

　　D.道德与社会发展没有关系

2.以下关于道德与法律关系的说法中,你认为正确的是( )。

　　A.从人类历史看,法律比道德产生的时间早

　　B.在我国现实生活中,违反法律的行为不一定违背道德

　　C.在适用范围上,道德要比法律广泛得多

　　D.关于社会功能,道德不如法律的社会作用大

3.下列关于职业道德的论述中,你认为正确的是( )。

　　A.加强职业道德能保证企业的正常经营,但总体会减少企业收益

　　B.加强职业道德能改变人们的思想观念,但与推进技术进步无关

　　C.加强职业道德只是一项经营之外的事务,往往会加大企业和员工的负担

　　D.加强职业道德会增加投入,但从总体上看可降低企业的经营成本

4.对于饮食行业的从业人员来说,不符合仪表端庄具体要求的做法是( )。

　　A.着装简单、朴素　　　　　　　　B.饰品较少

C.面部淡妆　　　　　　　　D.男性蓄胡须,女性涂亮指甲

5.下列几种从业人员接待顾客的用语中,不恰当的用语是(　　)。

　　A.某公共汽车乘务员:"骑自行车的同志,请您往外边骑。"

　　B.某银行职业员:"没看我正忙着吗? 您急什么?"

　　C.某企业接待处人员:"还没上班,您稍候。"

　　D.某商场营业员:"我认为这件裙子更适合您的身材。"

6.以下从业人员在工作场所中的几种表现,不符合职业道德要求的是(　　)。

　　A.某商场营业员小张在没有顾客时看报纸

　　B.某企业销售员小王在没有顾客时上网浏览市场信息

　　C.某宾馆服务员小李利用接待外宾的机会练习英语口语

　　D.某鞋厂胶合工小赵在流水线上边生产边研究技术

7.关于职业责任的特点,论述不正确的是(　　)。

　　A.职业责任一般与职业性质密切相关

　　B.职业责任与物质利益存在直接关系

　　C.职业责任具有自觉性,不具有强制性

　　D.职业责任具有法律及纪律的强制性

8.关于职业纪律,从业人员应树立的正确认识是(　　)。

　　A.职业纪律既体现了强制性,又体现了自觉性

　　B.职业纪律是企业制定的,从业人员无权过问其合理性

　　C.遵守职业纪律与职工的个人利益没有什么关系

　　D.职业纪律只是约束和管制员工的工具

(二)多项选择题(第9—16题)

9.从业人员举止得体的要求是(　　)。

　　A.态度恭敬　　　B.表情从容　　　C.行为适度　　　D.举止潇洒

10.根据美国经济学家熊彼特的说法,下列做法中属于创新的是(　　)。

　　A.获得一种原料的新的供应来源　　　B.引入一种消费者不熟悉的新产品

　　C.使产品进入一个新市场　　　D.建立一种垄断地位的企业组织形式

11.下列做法中,有助于帮助从业人员加强职业道德修养的途径是(　　)。

　　A."慎独"　　　　　　　　B."吾日三省吾身"

　　C.早请示、晚汇报　　　　　D.学雷锋,做好事

12.下列做法中,你认为违背了办事公道原则的行为是(　　)。

　　A.某商场售货员在售货时遇到一熟人,于是先让他(她)购物

　　B.某银行分理处为现役军人开设了一个可优先办理业务的窗口

　　C.火车站服务员看见一残疾人,让他(她)优先购买车票

    D.某公司办事员收受了客户的礼金,并未给客户任何照顾

13.北京开关厂奉行"99 + '1' = 0"的管理理念。下列说法中,符合其本意的是(　　　)。

    A.事情做了99%,但只要最后一件事没做好,整个工作就等于没做

    B.产品的99%是好的,但"1"项工艺缺陷会造成产品整体缺陷

    C.即使你工作完成了99%,但上司一句话,就可将你的工作否决为"0"

    D.北京开关厂已取得成功,如再上一个新台阶,需从"0"开始

(根据下列案例和所学职业道德知识,回答第14—16题)

    1949年3月,党中央在西柏坡召开七届二中全会,毛泽东指出,我们进北平了,可不同李自成进北平,李自成进北平就变了,我们要保持勤俭朴素的传统,不要中了资产阶级的"糖衣炮弹"。毛泽东作为新中国的缔造者,十分注重勤俭节约。他的衣服破了,总是补了又补,有一次接见外宾,事前,警卫员提醒他不要伸腿,因为毛泽东的袜子破了,一伸腿会露出来。

14.关于毛泽东穿破袜子一事,下列说法中你能够同意的是(　　　)。

    A.毛泽东穿着破了的袜子,因为当时条件艰苦,不得已而为之

    B.毛泽东穿着破了的袜子,说明他对自己的要求十分严格

    C.毛泽东穿着破了的袜子,说明后勤工作不到位

    D.毛泽东穿着破了的袜子,会对全国人民勤俭节约产生示范效应

15.读了上述短文,你认为正确的是(　　　)。

    A."糖衣炮弹"是敌对势力拉拢腐蚀中国共产党干部的手段

    B.艰难困苦的生活,有益于培养人们良好的品质

    C."李自成进北平就变了",是说李自成进北京之后生活就奢侈了

    D.勤俭节约时代要求不同,但其精神自古一致

16.下列说法中,错误的论述是(　　　)。

    A.艰苦年代需要勤俭节约,现在生活富裕了,不再需要勤俭节约

    B.无论是战争年代还是和平时期,都需要提倡勤俭节约的作风

    C.袜子破了加以修补,这在今天非但不是勤俭节约,而且是浪费时间

    D.不应该拿过去对比现在,节俭或不节俭是每个人自己的事情

二、职业道德个人表现部分(第17—25题)

答题指导

◆该部分均为选择题,每题均有四个备选项。

◆请按照题意要求,根据自己的实际情况只选择其中一个选项,并在答题卡上将所选择答案的相应字母涂黑。

17.在每天上班的路上,我的心情通常是(　　　)。

A. 沉闷的　　　　　B. 轻松的　　　　　C. 焦虑的　　　　　D. 平静的

18. 如果有重新选择职业的可能,我(　　　)。

    A. 还会选择现在的单位　　　　　　B. 基本上还会选择现在的单位

    C. 对这个问题关注不多　　　　　　D. 不会再选择现在这个单位

19. 我之所以在目前这个单位工作,是因为(　　　)。

    A. 这个单位的工资待遇还可以

    B. 这个单位与我在学校里所学专业一致

    C. 这个单位的发展前景不错

    D. 在这个单位工作的领导为人很好

20. 每天下班回家时,我通常的感觉是(　　　)。

    A. 轻松　　　　　B. 劳累　　　　　C. 烦躁　　　　　D. 平淡

21. 假如你有一个很好的邻居,你因工作调动,将家搬迁到另一个城市居住,你和原来的邻居之间会(　　　)。

    A. 经常电话联系　　　　　　B. 偶尔书信联系

    C. 失去联系　　　　　　D. 有出差机会就去看望一下

22. 在工作过程中,我常有(　　　)的感觉。

    A. 兴奋　　　　　B. 得心应手　　　　　C. 疲惫不堪　　　　　D. 心烦意乱

23. 假如你非常喜爱的一本书,找了几次也没找到,你会(　　　)。

    A. 继续找,肯定在某个地方了　　　　　　B. 不找了

    C. 再买本新的　　　　　　D. 想看的时候,到图书馆借一本

24. 关于我所从事的工作,我一般(　　　)。

    A. 很少向家人或者朋友提起　　　　　　B. 别人不问,我很少提起

    C. 乐意向别人说起　　　　　　D. 从不与别人谈论

25. 对于我现在所从事的工作,我最不满意的地方是(　　　)。

    A. 工资少　　　　　　B. 个人发展空间小

    C. 环境吵闹　　　　　　D. 同事小肚鸡肠

第二部分　　理论知识

(26—125 题,共 100 道题,满分为 100 分)

一、单项选择题(第 26—85 题)

答题指导

◆ 每小题只有一个最恰当的答案,请在答题卡上将所选答案的相应字母涂黑。

26. 业主大会与物业服务企业之间是(　　　)的法律关系。

A. 平等主体之间   B. 刑事性质

C. 行政管理性质   D. 管理与服从性质

27. "业主大会和业主委员会开展工作的经费由全体业主承担",这是法律规范中的( )部分。

A. 假定   B. 处理   C. 标准   D. 制裁

28. 制定狭义法律的机关可以是全国人民代表大会,还可以是( )。

A. 最高人民法院   B. 最高人民检察院

C. 国务院   D. 全国人民代表大会常务委员会

29. "招标人无正当理由不与中标人签订合同,给中标人造成损失的,招标人应当给予赔偿",这种情况下招标人承担的是( )责任。

A. 侵权   B. 违约   C. 行政   D. 刑事

30. 根据《物业服务企业资质管理办法》,直辖市人民政府房地产行政主管部门负责( )物业服务企业资质证书的颁发和管理,并接受国务院建设主管部门的指导和监督。

A. 一级   B. 一级和二级   C. 二级和三级   D. 一级、二级和三级

31. 以下说法错误的是( )。

A. 政策和法律之间有着本质的区别,政策不可能转化为法律

B. 政策与法律有相同的历史使命

C. 政策不具有国家意志的属性

D. 政策的表现形式多种多样

32. 根据《物业管理条例》,( )级以上地方人民政府房地产行政主管部门负责本行政区域内物业管理活动的监督管理工作。

A. 区   B. 县   C. 市   D. 省

33. 业主大会会议应当有物业管理区域内( )业主参加。

A. 持有 1/2 以上投票权的   B. 持有 2/3 以上投票权的

C. 持有 3/4 以上投票权的   D. 全体

34. 召开业主大会会议,应当于会议召开( )前通知全体业主。

A. 5 日   B. 一周   C. 10 日   D. 15 日

35. 物业管理投标环节属于法律意义上的( )。

A. 要约邀请   B. 要约准备

C. 要约   D. 承诺

36. 根据《物业服务收费明码标价规定》,政府价格主管部门应当会同同级( )对物业服务收费明码标价进行管理。政府价格主管部门对物业服务企业执行明码标价规定的情况实施监督检查。

  A. 工商行政管理部门   B. 税务部门

  C. 房地产行政主管部门   D. 建设行政管理部门

37. 业主违反《物业服务合同》或《业主公约》的规定装修、装饰房屋,损害共用部位、共用设施设备或构成妨碍物业管理秩序的,物业服务企业可以要求其承担相应的( )。

  A. 民事责任   B. 行政责任   C. 刑事责任   D. 连带责任

38. 以下说法错误的是( )。

  A. 物业服务合同有效期内,当事人一方擅自解除合同的,另一方可以要求其承担相应的民事责任

  B. 业主委员会代表业主与物业服务企业签订物业服务合同

  C. 业主因自身原因未居住房屋并以此为由要求减免物业服务费用的,法院可予以支持

  D. 物业服务企业采取停止供应电、水、气、热等方式催交物业服务费,给业主造成损失的,业主可以要求物业服务企业承担赔偿责任

39. 业主大会、业主委员会开展工作所需的经费由全体业主承担,经费的筹集、管理、使用具体由( )规定。

  A. 业主公约   B. 业主大会议事规则

  C. 住户手册   D. 业主大会决议

40. 某物业服务企业为排除地下管线的故障,聘请了工程队挖坑检修。夜间,该施工队没有在坑边设置指示灯,也没有设置屏障,业主掉入坑中受伤,则( )。

  A. 该业主只能要求工程队负责,不能要求物业服务企业负责

  B. 业主自己没有注意,受伤只能自己负责

  C. 该业主可以要求物业服务企业承担赔偿责任

  D. 该业主可以要求业主委员会承担赔偿责任

41. 业主委员会应当自选举产生之日起( )内,向物业所在地的区、县人民政府房地产行政主管部门备案。

  A. 10 日   B. 15 日   C. 30 日   D. 90 日

42. 关于物业管理用房,以下说法正确的是( )。

  A. 物业服务企业应当按照规定在物业管理区域内配置必要的物业管理用房

  B. 物业服务企业可以自行决定物业管理用房的用途

  C. 物业服务企业要改变物业管理用房的用途,无须经过他人同意

  D. 物业服务企业要改变物业管理用房的用途,必须经业主大会同意

43. 以下说法正确的是( )。

  A. 业主不能占用物业管理区域内的道路和场地

  B. 业主如果需要占用物业管理区域内的道路和场地,需要得到城市规划部门的批准

  C. 业主如果需要占用物业管理区域内的道路和场地,应当征得物业服务企业和业主委员会的同意

  D. 业主如果需要占用物业管理区域内的道路和场地,应当征得业主大会的同意

44. 物业保修期满后,物业共用设备的更新改造费用应该( )。

  A. 由建设单位负担

  B. 由物业服务企业从物业服务费中支出

  C. 由业主集资

  D. 从专项维修资金中支出

45. 涉及物业服务企业挪用专项维修资金的问题,以下说法错误的是( )。

  A. 县级以上地方人民政府房地产行政主管部门有权对该企业进行处罚

  B. 可以对该企业处以挪用数额 2 倍以下的罚款

  C. 情节严重的,可以吊销该企业的资质证书

  D. 构成犯罪的,依法追究该企业的刑事责任

46. 物业服务企业在物业规划设计阶段要做的早期介入工作是( )。

  A. 准备接管验收   B. 对项目的配套设施提出建议

  C. 监督项目的工程质量   D. 拟订日后的物业管理方案

47. 办理商品房销售许可证是房地产开发企业在( )要做的工作。

  A. 投资决策阶段   B. 前期工作阶段

  C. 施工建设阶段   D. 租售营销阶段

48. 以下说法中,不符合《建筑法》规定的是( )。

  A. 违反《建筑法》情节严重,构成犯罪的,应依法追究其刑事责任

  B. 建筑工程监理人员认为工程施工不符合工程设计要求的,有权要求建筑施工企业改正

  C. 建筑施工企业在征得监理单位同意后,可以修改建筑工程的设计方案

  D. 建筑物在合理使用期限内,必须确保地基基础工程和主体结构的质量

49. 在制订物业管理方案的过程中,要"先文献后实地,先内部后外部,调查分析标的物业项目的情况",这是( )的要求。

  A. 规范调研原则   B. 效益优先原则

  C. 市场竞争原则   D. 经济适用原则

50. 在制订物业管理方案的过程中,以下工作流程前后顺序正确的是( )。

  A. 初步确定物业管理方案要点—培训工作人员—准备资料、设备和经费—调查分析标的物业项目情况—研究分析调查资料—调查项目情况以及业主和

使用人的服务需求—进行可行性评价

B. 培训工作人员—准备资料、设备和经费—调查项目情况以及业主和使用人的服务需求—了解同类物业管理状况—研究分析调查资料—初步确定物业管理方案要点—进行可行性评价

C. 进行可行性评价—培训工作人员—准备资料、设备和经费—初步确定物业管理方案要点—调查项目情况以及业主和使用人的服务需求—研究分析调查资料—了解同类物业管理状况

D. 了解同类物业管理状况—调查项目情况以及业主和使用人的服务需求—培训工作人员—准备资料、设备和经费—初步确定物业管理方案要点—进行可行性评价—研究分析调查资料

51. 项目可行性研究一般有 5 个步骤,包括接受委托、调查研究、(　　)、财务评价和编写可行性研究报告。

  A. 模拟实验   B. 专家评审

  C. 方案选择与优化   D. 政策研究

52. 在做物业管理区域绿地景观再开发设计方案时,如果确定(　　)比例,则需要同时做生态安全性的分析。

  A. 裸子植物与被子植物   B. 乡土树种与外来树种

  C. 乔木与灌木   D. 木本植物与草本植物

53. 如果住宅小区的绿地景观再开发项目施工过程中需要砍伐现有树木,物业服务企业需要(　　)。

  A. 征得业主大会的同意   B. 获得城市政府园林绿化部门的批准

  C. 获得小区管理部门的批准   D. 获得房地产行政主管部门的批准

54. 根据 2002 年修订的《城市居住区规划设计规范》,新建居住区的绿地率应当达到(　　)。

  A. 20%   B. 30%   C. 40%   D. 50%

55. 物业服务(　　)一般需印制在《住户手册》或《客户手册》上供业主了解。

  A. 企业内部管理制度   B. 企业内部奖惩制度

  C. 法律法规   D. 公共管理制度

56. 物业管理质量保证体系属于(　　)的一部分。

  A. 员工管理制度   B. 操作规程

  C. 业主内部管理制度   D. 企业综合管理制度

57. 新建物业第一次业主大会会议召开前的业主大会筹备组,应该由业主代表和(　　)组成。

  A. 物业服务企业   B. 建设单位

  C. 街道办事处   D. 房地产行政主管部门

58. 根据《公司法》,公司的(　　)有权制定公司的基本管理制度。

  A. 经理   B. 总经理   C. 董事会   D. 股东会

59. 物业管理规章制度的结构一般包括标题、正文、(　　)和日期。

  A. 具名   B. 文号   C. 附件   D. 签字

60. 物业服务企业有权通过提供服务获得经济利益,这主要是制订物业管理制度的(　　)原则的体现。

  A. 市场性   B. 计划性   C. 规范性   D. 实用性

61. 根据《物业服务收费管理办法》,物业服务成本一般不包括(　　)。

  A. 办公费用   B. 物业管理区域清洁卫生费用

  C. 物业服务企业固定资产折旧   D. 物业共用部位的大修费用

62. 物业服务企业的预计损益表又称(　　),是在经营决策基础上,综合反映物业服务企业预算期内收入、成本费用和净利润的预算。

  A. 现金流量表   B. 年度利润计划

  C. 预计资产负债表   D. 资本预算表

63. 业主拖欠物业服务费用的,物业服务企业可以向有管辖权的基层人民法院申请(　　)。

  A. 督促令   B. 催缴令   C. 审查令   D. 支付令

64. 被告在收到法院一审判决后,若不服判决,可以在判决书送达之日起(　　)内向上一级人民法院提起上诉。

  A. 10 日   B. 15 日   C. 20 日   D. 30 日

65. 存储在银行专户内的物业公共部位、公共设施设备专项维修资金可以用于(　　)。

  A. 发放借款   B. 购买国债   C. 购买股票   D. 购买基金

66. 根据专项维修资金管理的有关规定,当(　　),商品住房销售单位应当将代收的专项维修资金移交给当地的房地产行政主管部门代管。

  A. 业主与卖方签订购房合同后   B. 业主付清全部购房款后

  C. 业主办理入住后   D. 业主办理房屋权属证书时

67. "除抵补现金库存外,非经银行同意,不得将业务收入坐支留用,严格分清收支两条线",这是财务管理制度中(　　)的规定。

  A. 凭证账册制度   B. 现金管理制度

  C. 固定资产管理制度   D. 报销审批制度

68. 房屋共用部位的养护费用应该列入(　　)。

  A. 专项维修资金   B. 物业服务成本

C.物业服务企业的办公费用　　　　　D.保险费用

69.房屋维修工程的验收标准一般不包括(　　　)。

A.窗明、地净、场地清　　　　　B.具备使用条件

C.原始记录齐全　　　　　D.业主的评价及签字

70.在房屋维修养护工程开工前,物业服务企业必须邀集有关单位和人员,对施工单位进行(　　　)。

A.技术咨询　　　B.技术评价　　　C.技术交底　　　D.技术考核

71.《建筑设计防火规范》不适用于(　　　)。

A.10层及10层以上的住宅建筑　　　　　B.高层工业建筑

C.多层工业建筑　　　　　D.地下民用建筑

72.如果室内的燃气泄漏报警器突然报警,这时候应该做的是(　　　)。

A.拔下报警器的插销　　　　　B.打开电灯查找漏气点

C.关闭燃气总阀门　　　　　D.关闭报警器

73.在各种安全防范设施中,(　　　)在发生火灾时能够起到防火分区作用。

A.自动喷水灭火设备　　　　　B.电子保安系统

C.门禁系统　　　　　D.防火卷帘门系统

74.编制房屋维修预算的正确步骤是:熟悉施工图纸→了解施工现场的作业环境→计算工程量→(　　　)→编制维修工程预算表。

A.编制主要材料用量表　　　　　B.套用定额

C.计算各种费用　　　　　D.编写预算编制说明

75.房屋维修工程的直接工程费不包括(　　　)。

A.直接费　　　B.其他直接费　　　C.现场经费　　　D.利润

76.现代市场营销观念所指的4C是顾客、成本、便利和(　　　)。

A.价格　　　B.促销　　　C.沟通　　　D.产品

77.物业服务企业可以通过(　　　)迅速扩大企业规模,达到快速成长的目的。

A.特色品牌专一发展模式　　　　　B.特色品牌综合发展模式

C.连锁经营发展模式　　　　　D.资产重组发展模式

78.市场的供给受多种因素的影响,在其他因素不变的情况下,某种产品或服务的供给量与(　　　)因素成反比。

A.税收　　　　　B.价格

C.行业平均利润率　　　　　D.生产者对未来价格的预测

79.在各种定价策略中,通过计算由价格政策引起的利润是否增加来判断定价方案可行性的策略叫做(　　　)。

A.判别定价　　　　　B.增加定价

C. 利润定价　　　　　　　　　D. 质量定价

80. 编写物业管理投标书过程中最关键的环节就是物业管理方案的设计和(　　)。

A. 标价的计算　　　　　　　　B. 招标文件的解读

C. 物业服务企业介绍　　　　　D. 可行性分析

81. 住宅物业的建设单位未通过招投标的方式选聘物业服务企业,或者未经批准擅自采用协议方式选聘物业服务企业的,由县级以上地方人民政府房地产行政主管部门责令限期改正,给予警告,可以并处(　　)以下的罚款。

A. 5 万元　　　　　B. 10 万元　　　　　C. 20 万元　　　　　D. 50 万元

82. 根据《前期物业管理招标投标管理暂行办法》,预售商品房项目的前期物业管理招标人应当在(　　)之前完成招标工作。

A. 项目竣工　　　　　　　　　B. 购房人办理入住

C. 取得《商品房预售许可证》　　D. 接管验收

83. 如果两个或两个以上的物业服务企业联合投标,则这个投标联合体的企业资质按照(　　)确定。

A. 两个企业中资质等级较低的企业的等级

B. 两个企业中资质等级较高的企业的等级

C. 两个企业各项条件的总和的水平

D. 最低等级的资质

84. 根据有关规定,物业服务企业(　　)。

A. 不能将物业管理区域内的服务业务分包给他人

B. 可以向他人转让其中标项目

C. 可以将物业管理区域内的某些专项服务业务分包给其他企业

D. 可以将中标的物业管理区域内的全部业务一并委托给其他单位

85. (　　)属于物业管理招标活动中禁止的行为。

A. 招标方将招标文件卖给投标人

B. 在确定中标人之前,招标人与投标人就投标价格进行协商

C. 评标过程中没有召开现场答辩会

D. 拒收在提交投标文件的截止时间之后送达的投标文件

二、多项选择题(第86—125题)

答题指导

◆每题有多个答案正确,请在答题卡上将所选答案的相应字母涂黑。错选、少选、多选,均不得分。

86. 物业管理行政法规的效力低于(　　)。

    A. 宪法　　　　　B. 法律　　　　　C. 规章　　　　　D. 地方性法规

87. 承担违约责任的方式包括(　　　)。

    A. 支付违约金　　　　　　　　　B. 继续履行合同

    C. 赔偿损失　　　　　　　　　　D. 采取补救措施

88. 除合同本身约定的义务以外,合同当事人还负有(　　　)的义务。

    A. 通知　　　　B. 告诫　　　　C. 协助　　　　D. 保密

89. 对物业共用部位、共用设施设备专项维修资金的管理使用享有监督权的是(　　　)。

    A. 业主　　　　B. 业主大会　　　　C. 建设单位　　　　D. 物业服务企业

90. 有以下情况之一的,业主委员会应当及时组织召开业主大会临时会议。(　　　)

    A. 10%以上业主提议的　　　　　　B. 20%以上业主提议的

    C. 业主委员会主任认为有必要的　　D. 发生重大事故的

91. 物业服务企业可在其服务区域内的显著位置或收费地点,采取(　　　)等方式实行明码标价。

    A. 公示栏　　　　B. 公示牌　　　　C. 收费表　　　　D. 多媒体终端查询

92. 物业服务企业违约或违规利用物业共用部位、共用设施设备赢利,损害业主公共权益的,业主委员会可以要求物业服务企业(　　　)。

    A. 恢复原状　　　　　　　　　　B. 赔偿损失

    C. 返还物业服务费　　　　　　　D. 返还收益

93. 物业服务企业在其物业管理区域内设有车辆泊位,并对停放的车辆收取泊位维护费用,在发生车辆丢失或毁损时,以下说法正确的是(　　　)。

    A. 如果双方签订了停车管理服务协议,则应当按照双方的协议确定赔偿责任

    B. 如果没有签订停车管理服务协议,物业服务企业有过错的,可以根据其过错程度、收费标准等因素合理确定物业服务企业应当承担的赔偿责任

    C. 无论双方是否签订过停车管理服务协议,物业服务企业都应当承担赔偿责任

    D. 如果没有签订停车管理服务协议,物业服务企业就不必承担赔偿责任,因为物业服务企业收取的是占地费

94. 物业服务企业和业主在物业管理活动中应共同遵循的基本原则有(　　　)等。

    A. 自愿　　　　B. 平等　　　　C. 公平　　　　D. 诚实信用

95. 《物业管理条例》授权给省、自治区、直辖市确定的事项有(　　　)。

    A. 物业管理区域的划分办法

    B. 业主在首次业主大会会议上投票权的确定办法

    C. 物业服务企业资质管理制度

D.专项维修资金的收取、使用、管理办法

96.物业服务企业在物业管理早期介入阶段需要做的准备工作包括(　　)。

    A.收集相关资料　　　　　　　　　B.组织技术力量

    C.了解物业管理对物业的基本要求　　D.确定工作方法

97.物业管理早期介入的意义在于(　　)。

    A.省去业主选择物业服务企业的过程

    B.完善物业规划设计方案

    C.为日后的物业管理工作打好基础

    D.加快物业的销售进度

98.物业管理方案的文本主要包括(　　)等项内容。

    A.物业管理与服务模式　　　　　　B.物业管理财务收支测算

    C.物业服务企业内部管理制度　　　D.物业服务企业的外部监督措施

99.为了使物业管理方案更加完善,物业服务企业需要了解本地区同类型物业的管理措施、(　　)等。

    A.管理模式　　　B.销售价格　　　C.收费水平　　　D.服务项目

100.为了能够制订合理的物业管理制度,物业服务企业需要(　　)。

    A.了解物业开发建设单位的情况　　B.了解业主和使用人的情况

    C.了解物业现状　　　　　　　　　D.了解国家的相关法律法规

101.物业服务企业内部的管理制度包括(　　)。

    A.企业综合管理制度　　　　　　　B.业主公约

    C.物业管理法律制度　　　　　　　D.员工管理制度

102.物业管理公共管理制度对(　　)有约束力。

    A.全体业主　　　　　　　　　　　B.全体使用人

    C.物业服务企业　　　　　　　　　D.物业管理行业主管部门

103.物业管理制度的内容可以分为(　　)。

    A.条　　　　　B.款　　　　　C.项　　　　　D.目

104.需要在住宅小区《住户手册》中进行介绍的管理机构一般包括(　　)等。

    A.物业服务企业　　　　　　　　　B.居民委员会

    C.业主大会　　　　　　　　　　　D.业主委员会

105.物业服务企业的《员工手册》中关于人员聘用政策的具体内容包括(　　)。

    A.试用期　　　B.劳动合同　　　C.体检　　　D.休假

106.物业服务企业若起诉欠费业主,需要准备充足的证据,包括(　　)等。

    A.营业执照　　　　　　　　　　　B.业主欠费的证据

    C.物业服务合同　　　　　　　　　D.物业收费依据

107. 房屋的共用部位包括( )等。

 A. 外墙面 B. 楼梯间 C. 室外停车场 D. 电梯

108. 物业服务企业财务管理部门的基本职责包括( )等。

 A. 制定物业服务费预算方案

 B. 参与策划各种营销活动

 C. 决定开支范围及员工的津贴和资金

 D. 监督物业服务费的收缴运作

109. 物业服务企业制订房屋养护计划时,需要做的工作有( )。

 A. 确立责任人 B. 建立各类设备设施档案

 C. 制订养护管理制度 D. 掌握房屋建筑的完好状况

110. 物业服务企业在实施房屋养护计划时,需要做的工作有( )。

 A. 做好设备设施的安全检查 B. 审核维修养护方案和工程预算

 C. 保证物资供应 D. 加强成本核算

111. 房屋及附属设备设施维修养护辅助计划的内容包括( )等。

 A. 工程进度计划 B. 材料供应计划

 C. 设备供应计划 D. 成本与利润计划

112. 根据房屋维修养护技术管理方面的规定,发生下列情况中的( )时,必须 先做技术鉴定。

 A. 将平房改为二层楼

 B. 将办公用房改为生产车间

 C. 楼板发生损坏,楼上楼下对导致损坏的原因各执一词

 D. 装修严重破坏了房屋的承重墙

113. 编制房屋维修工程预算的原则包括( )。

 A. 服从指令原则 B. 据实合理原则

 C. 厉行节约原则 D. 市场机制原则

114. 编制房屋附属设备设施计划性零修工程预算的方法包括( )等。

 A. 材料、工具、设备的市场价格

 B. 设备设施维修使用说明书

 C. 工程维修养护合同

 D. 有关部门的相关规定

115. 编制房屋附属设备设施计划性零修工程预算的方法包括( )等。

 A. 定额换算法 B. 经验估算法

 C. 统计分析法 D. 成本计算法

116. 在设计物业管理区域内综合经营服务项目、进行市场调查时,不仅需要考察

物业项目周边的商业服务设施条件,而且还需要( )。

    A.收集服务对象的资料和需求   B.了解物业项目本身的条件

    C.考察物业项目周边的交通状况   D.分析物业服务企业自身的优势

117.物业服务企业开展综合经营服务的劣势在于( )。

    A.市场集中度过高   B.不容易与顾客建立长期稳定的联系

    C.项目规模小   D.专业性差

118.如果物业服务企业接管的项目是一个以老年业主为主的住宅小区,可优先开发的综合经营服务项目包括( )。

    A.诊所   B.商务中心   C.酒吧   D.家政服务员介绍所

119.在物业管理区域内设计综合经营服务项目时需要考虑的原则有( )。

    A.尽量扩大服务半径   B.保证各类设施集中布置

    C.不能扰民   D.可以考虑选择门户位置

120.根据《城市居住区规划设计规范》,居住区公共服务设施除教育、医疗卫生、文化体育、市政公用设施外,还包括( )等。

    A.行政管理设施   B.规划设计机构

    C.金融邮电设施   D.社区服务设施

121.物业管理区域综合经营服务项目的组织和管理工作包括( )。

    A.选择经营方式   B.对服务收费进行监督

    C.服务效果考评   D.监控服务质量

122.物业管理区域内综合经营服务项目市场调查的重点任务之一,是了解服务对象的资料,其中应包括潜在顾客的( )。

    A.消费观念   B.消费习惯   C.消费场所   D.消费需求

123.物业管理市场的特点有( )等。

    A.质量差异性   B.不可分割性   C.所有权性   D.服务连锁性

124.物业服务企业常用的员工绩效考核方法有( )。

    A.配对比较法   B.等级评估法   C.情景模拟法   D.小组评价法

125.为撰写物业管理专业论文,收集资料的具体途径有( )等。

    A.到图书馆检索   B.到网上搜索

    C.组织座谈会   D.搜集相关法规政策

第三部分　实作题

一、情景题(第126—130题)

126. 世达物业服务公司近期遇到了资金短缺的问题。为了渡过难关,请你为该公司制订一份资金筹措计划,尽可能多地为公司提供资金来源渠道。

127. 丰联物业服务公司将其负责管理的某住宅小区3号楼房屋的大修工程外包给了某专业维修公司。工程完工后,丰联物业服务公司接到了工程验收通知。请问丰联物业服务公司应如何组织3号楼房屋大修工程的验收工作?

128. 某职业技术学校需要将原来的一座办公楼改建为机房,聘请了某建筑公司承担该项工程。这座楼是2层楼,总建筑面积534 m^2。其暖通工程定额直接费为A,其定额工资为M,其他直接费为B,现场经费为C。请计算该装修工程中暖通工程的直接工程费、间接费、利润、税金和工程造价。

说明: 计算过程中涉及的相应费率可以采用定额中规定的相应费率,也可以用符号代替。

129. 已经入住2年多的某TOWNHOUSE(联排别墅)项目现有300多户居民,其中白领人士较多。但该项目位于郊外,缺乏附属配套设施。假设你是该项目的物业管理经理,请针对上述情况,完成以下工作:

①为该物业项目设计4种合适的综合经营服务项目。

说明: 只写出服务项目名称即可。

②如果全部综合经营服务项目都不是物业服务公司自己经营,而是对外承包,那么物业服务公司应如何监控服务质量?

130. 小周是某物业服务公司人力资源部的经理,该公司在6月份需要进行年中绩效考评工作。请问小周应按照怎样的工作流程实施员工绩效考评方案?

二、案例分析题(第131—132题)

131. 李经理是某物业服务公司财务部门的负责人。为了更好地控制公司的财务预算,他打算对公司的高层管理人员进行一次财务预算控制工作的培训。请帮他列出控制企业财务预算的具体工作内容清单和控制财务预算的步骤。

132. 居住在青云小区1号楼2层的5户居民在自家窗户上安装金属护栏,原因是小区内一层住户均装有护栏,致使3号楼和6号楼2层的3家住户最近发生被盗事件,这5户居民认为应增加必要的安全防范设施。该小区的物业服务公司得知后,立即要求这5户居民自行拆除,理由是青云小区业主委员会与物业服务公司签订了《物业服务合同》,合同中规定,居民不得擅自改变房屋建筑及设施设备的结构、外观、设计用途、功能布局等。该 5 户居民承认安装的事实,但是拒不拆除护栏。请问:物业服务公司可以按照怎样的程序、采取哪些方法解决该问题?

三、方案策划题(第 133—134 题)

答题指导

下列两题任选一题作答,如果两题均答,则只计算第 133 题的分值。

133. 海成物业服务公司负责管理的物业项目主要是写字楼和高档住宅。该公司现有员工450 名,其中管理干部75 名,专业技术人员40 名。公司今年准备从二级资质晋升到一级资质,正在筹备修改公司的内部管理制度。请根据该物业服务公司的特点,为其制订一套完善的公司内部管理制度。要求:详细列出该物业服务公司内部管理制度的框架体系,内容具体到每一项制度的名称,并写出财务部经理的岗位职责。

134. 兴海物业服务公司负责管理的科兴小区是已经投入使用 10 年的住宅区,建筑面积 50 万 m^2,以高层建筑为主。目前,该小区的停车位严重不足,根据实际需要,应该进行规模较大的停车场扩建、增建工程。停车场扩建、增建的提案获得了科兴小区全体业主的同意,停车场扩建、增建用地也获得了主管部门的批准。科兴小区停车场扩建、增建工程规模很大,兴海物业服务公司准备采用招标方式委托具有相应资质的专业规划设计单位进行规划设计。

请写出:①兴海物业服务公司选聘专业规划设计单位应遵循的招标工作程序。

②科兴小区停车场扩建、增建方案的主要内容。

参考文献

［1］武智慧.物业管理概论［M］.2 版.重庆:重庆大学出版社,2008.

［2］王秀云,李莉.物业管理［M］.2 版.北京:机械工业出版社,2004.

［3］鲁捷.物业管理案例分析与技巧训练［M］.北京:电子工业出版社,2007.

［4］丁芸,谭善勇.物业管理案例精选与解析［M］.北京:中国建筑工业出版社,2003.

［5］温小明.物业管理案例分析［M］.北京:中国建筑工业出版社,2006.

［6］徐永凤,盛承懋.物业管理实务［M］.南京:东南大学出版社,2004.

［7］陈友铭.物业管理［M］.北京:高等教育出版社,2003.

［8］王在庚,白丽华.物业管理学［M］.北京:中国建材工业出版社,2002.

［9］谭善勇.现代物业管理实务［M］.北京:首都经济贸易大学出版社,2007.

［10］方芳,吕萍.物业管理［M］.上海:上海财经大学出版社,2003.

［11］张连生,杨立方,盛承懋.物业管理案例分析［M］.南京:东南大学出版社,2005.

［12］劳动和社会保障部中国就业培训技术指导中心.物业管理员(师)职业资格培训教程［M］.北京:中央广播电视大学出版社,2004.

［13］《中华人民共和国物权法》.

［14］《物业管理条例》.

［15］中国物业管理网:http://www.cpmu.com.cn/.

［16］中国物业管理信息在线:http://www.zgwy.net/Index.html.

［17］中国物业管理协会:http://www.ecpmi.org.cn/.

［18］物业管理资讯网:http://www.wyglzx.com/.

［19］中国房地产信息网:http://www.realestate.cei.gov.cn/.

［20］重庆物业管理协会网:http://www.cqpma.com/.